经济管理理论与实践探索

谢睿萍 ◎ 著

吉林出版集团股份有限公司

版权所有　侵权必究

图书在版编目（CIP）数据

经济管理理论与实践探索 / 谢睿萍著. -- 长春：吉林出版集团股份有限公司, 2024.6. -- ISBN 978-7-5731-5165-0

Ⅰ.F2

中国国家版本馆CIP数据核字第2024AS5121号

经济管理理论与实践探索
JINGJI GUANLI LILUN YU SHIJIAN TANSUO

著　　者	谢睿萍
出版策划	崔文辉
责任编辑	刘　洋
封面设计	文　一
出　　版	吉林出版集团股份有限公司
	（长春市福祉大路5788号，邮政编码：130118）
发　　行	吉林出版集团译文图书经营有限公司
	（http://shop34896900.taobao.com）
电　　话	总编办：0431-81629909　营销部：0431-81629880/81629900
印　　刷	吉林省六一文化传媒有限责任公司
开　　本	710mm×1000mm　1/16
字　　数	210千字
印　　张	13
版　　次	2024年6月第1版
印　　次	2024年6月第1次印刷
书　　号	ISBN 978-7-5731-5165-0
定　　价	78.00元

如发现印装质量问题，影响阅读，请与印刷厂联系调换。电话：18686657256

前　言

　　经济管理，作为现代社会中不可或缺的重要学科领域，旨在通过科学的理论与方法，指导企业的经济行为，优化资源配置，实现经济效益与社会效益的双重提升。在全球化、信息化、市场化的大背景下，经济管理理论与实践的探索显得尤为重要。

　　经济管理理论是指导实践的基础。从古典经济学到现代管理学，经济管理理论不断发展、完善，为我们提供了丰富的理论武器。这些理论不仅揭示了经济运行的内在规律，也为我们提供了解决现实问题的思路和方法。然而，理论的生命力在于实践，只有将其应用于实际，才能发挥其应有的作用。因此，我们需要不断探索经济管理理论在实践中的应用，以验证其有效性和适用性。经济管理实践是检验理论的试金石。在实践中，我们面临着各种复杂多变的经济现象和问题，需要运用经济管理理论进行分析、判断和决策。通过实践，我们可以发现理论的不足和局限性，进而推动理论的创新和发展。实践也是检验理论是否正确、是否有效的唯一标准。只有经过实践的检验，我们才能确定理论的价值和意义。

　　本书从经济管理理论入手，介绍了经济管理目标与经济管理环境、经济管理战略，详细分析了数字经济的发展、绿色经济发展以及农村经济的发展与管理，并重点探讨了网络经济管理实践等内容。

　　笔者在撰写过程中，参阅和引用了一些文献资料，在此表示感谢，也感谢一直以来支持、鼓励和鞭策笔者成长的师长和学界同仁。由于笔者水平有限，书中难免存在不足之处，恳请广大学界同人和读者批评指正。

目 录

第一章 经济管理理论 … 1
  第一节 管理理论前沿 … 1
  第二节 经济管理思想的演变 … 17
  第三节 经济管理的性质与原则 … 19
  第四节 经济管理的内容与方法 … 22
  第五节 经济管理的效益与评价 … 27

第二章 经济管理目标与经济管理环境 … 36
  第一节 经济管理目标概述 … 36
  第二节 经济管理目标制定 … 44
  第三节 经济管理环境概述 … 50
  第四节 经济管理环境分析 … 53

第三章 经济管理战略 … 59
  第一节 经济管理战略的意义与内容 … 59
  第二节 经济管理战略的确定 … 63
  第三节 经济管理战略的类型 … 66

第四章 数字经济的发展 … 70
  第一节 数字经济的内涵与特征 … 70
  第二节 数字经济的发展演变趋势 … 75
  第三节 数字经济发展中的挑战 … 80
  第四节 发展数字经济的意义、优势及重要性 … 82

第五章　绿色经济发展 95
第一节　绿色经济概述 95
第二节　绿色经济的特征 98
第三节　绿色经济的理论框架 106

第六章　农村经济发展与管理 111
第一节　农村经济管理与基本经济制度 111
第二节　农村生产要素组合与配置 119
第三节　农村自然与土地资源管理 130
第四节　农村经济组织与财务管理 135

第七章　网络经济管理实践 147
第一节　网络经济管理制度 147
第二节　网络经济与项目管理 151
第三节　网络经济时代的工商管理 153
第四节　网络经济时代企业管理 157
第五节　基于网络经济的会计管理 162
第六节　网络营销与企业经济管理 168
第七节　网络经济管理创新 172

参考文献 200

第一章　经济管理理论

经济管理与我们的生活密切相关。探析经济管理的前沿理论，厘清经济管理的相关内容，可以为我们更清晰地了解经济管理奠定良好的基础。本章重点论述经济管理的前沿理论知识。

第一节　管理理论前沿

一、核心能力理论

（一）核心能力的构成要素

企业的核心能力所包含的内容既丰富又复杂，所涉及的内容较为广泛，主要包括以下三个方面。

1. 研究与开发能力

应用研究是为了获得新知识而进行的创造性研究。它主要针对某一特定的实际应用目的，可以连接基础研究和技术开发。技术开发是指利用从研究与实际经验中获得的现有知识或从外部引进的技术与知识，为生产新的材料、产品，建立新的工艺系统而进行的实质性改进工作。

2. 创新能力

社会在不断的进步，企业要想保持发展与竞争的优势，就需要不断创新。创新就是根据市场变化，在企业原有的基础上，不断优化资源配置，重新整合人才，寻找不足之处，不断改进，以更加贴合市场需求，进而实现企业的初级目标，使企业的产品、技术、管理不断创新。企业创新的主体是生产一线的管理层、技术层、中间管理层。

创新能力作为创新主体，在生产经营活动中善于敏锐的察觉旧事物的缺陷，准确的捕捉新事物的萌芽，提出相关的推测与设想，再进行进一步的论证，并准确的实施。创新能力与创新主体的知识素养、思想意识、心理特点及社会环境具有紧密的联系。

3. 转换能力

将创新意识与创新技术转换为可实行的工作方案或产品，创新研究与开发才是有价值的。转换能力作为企业技术能力管理的重要因素，转换的过程也就是创新的进一步深化。创新只有转换为实际效益才是真正意义上的创新。转换能力在实际应用中的技能表现如下：

第一，综合。将各种技术、方法等综合起来，形成一个可实行的综合方案。

第二，移植。将其他领域的方法移植到本企业的管理与技术创新中。

第三，改造。对现有的技术、方法、设备进行改造。

第四，重组。根据企业的现实情况及社会需求，对现有的方法、过程、技巧，进行重新改造，不断优化。

由于客观世界无时无刻不在发生变化，因此需要企业的决策者根据这些变化做出及时的判断，还需要有敏锐的感应能力，这样才可以根据各种客观条件的变化做出适当的调整。

（二）核心能力的基本特征

1. 技术经济性

企业核心能力既包括技术因素又包括经济因素。单纯的发明创造只是停留在技术性的层面上,只有将发明创造应用于生产,转化为现实生产力,产出一定的经济效益或者社会效益,才是企业的技术能力。

2. 非均衡性

承认核心能力的渐进性,并不否定其革命性。创新和研发能力是核心能力的本质体现,而创新和研发过程是充满风险和不确定性的。在这一过程中既有继承性的技术渐进发展,又有突变性的技术革命。正是这种革命性使企业的竞争既充满成功的机遇与希望,又具有失败的压力与风险;正是这种革命性推动着经济的发展和飞跃。

3. 整体性

不能只依靠一种能力或者一项技术就来判断企业的实力,而应兼顾企业的技术水平、设计能力、生产能力、经济实力等综合能力的表现来评判。不只是技术因素,它还与企业的文化建设、员工的知识素养等非技术因素有关。换句话说,核心能力就是企业的综合能力。核心能力一旦形成,竞争对手在短时间之内是很难模仿的。

4. 动态性

企业的核心能力并不是一成不变的,它需要根据时代的发展要求,不断强化,企业的核心能力若只是固守在一个阶段或者是依靠一种技术,那么它的优势也会随着时间慢慢丧失。只有与时代的发展相一致、与科技的进步相一致,才可以保持企业的优势。

5. 渐进性

一些非关键性技术或者通用技术是可以在市场上通过购买获得的,而企业的技术能力是无法通过金钱购买的。企业的核心技术也不会在一朝一夕形成,而是长时间的知识技术的积累与经验的获得。

（三）影响核心能力形成的要素

企业文化与企业的凝聚力；企业决策者的素质与能力，企业员工的知识素养；企业的经济资本；企业创新机制；企业的技术力量。

（四）核心能力评价

核心能力作为企业综合素质的重要体现，根据企业的性质不同，制定的衡量标准也不相同。要想全面评价企业的核心能力，并不容易。只能说做到相对客观与公正，结合定量与定性这两方面的评价标准，力求公正、客观、科学地评价企业的核心能力，主要指标如下：

1. 企业专利成果发明的数量。该指标主要反映企业研究开发能力的效果和科技水平的领先程度，也综合说明了企业技术能力的强弱。

2. 企业拥有核心科技员工的数量。作为企业科技力量的体现，所拥有的科技员工越多，说明企业的科技力量越强大。

3. 企业产品占有市场份额的多少。该指标反映了企业产品的市场渗透能力。

4. 企业在消费者中的满意度。消费者作为企业经济效益的直接决定者，消费者满意，就会为企业带来更多的利益。

5. 企业产品相关技术的更新速度。作为企业的核心能力，更新的速度越快，产品与技术的竞争力就越大。

6. 企业适应市场的能力。市场消费需求变化日新月异，企业必须有适应市场的能力，这样才能及时推出适合的产品。

7. 企业要有与自己技术相关的衍生产品。

通过对上述因素的分析，核心能力理论作为管理理论中的重要组成部分，在选择哪些因素可以成为核心能力的同时，还需要关注核心能力的创新研究。要想培养核心能力，就需要重视产业的预判能力。企业需要根据员工的需求、社会的发展趋势以及技术的更新方向，合理地构想出市场对未来企业的需求与定位，培养出新的核心能力，从而使企业拥有竞争的优势，不被时代抛弃。

二、知识管理理论

（一）知识管理概述

1. 知识管理的定义

简单地说，知识管理就是以知识为核心的管理，具体来讲，就是通过确认利用已有的和获取的知识资产，对各种知识进行的连续的管理过程，以满足现有和未来开拓新市场机会的需求。知识管理的出发点是把知识视为最重要的资源，最大限度地掌握和利用知识作为提高企业竞争力的关键。

2. 知识管理涉及的方面

知识管理要求员工可以分享他们所拥有的知识，并且对可以做到的员工给予鼓励。知识管理主要涉及以下方面：技术方面；过程方面；员工方面；组织结构与企业文化方面；评价方面。

（二）知识管理的基本职能

1. 外化

外化首先包括一个强大的搜索、过滤与集成工具，从组织的外部知识与内部知识中捕获对企业现在和未来发展有用的各种知识。其次是外部储藏库，它把搜索工具搜索到的知识根据分类框架或标准进行组织并存储起来。再次是一个文件管理系统，它对储存的知识进行分类，并能识别出各信息资源之间的相似之处。基于此，可用聚类的方法找出公司知识库中各知识结构间隐含的关系或联系。外化的作用是通过内化或中介使知识寻求者能够得到捕获的知识。

2. 内化

内化知识通过各种各样的方法发现与特定消费者的需求相关的知识结构。在内化过程中，需要对知识进行过滤，来进一步确定相关的知识，并将这些知识传递给需要的人。

内化可以帮助研究者就特定的问题进行沟通。在内化的高端应用软件中，提取的知识可以最适合的方式来进行重新布局或呈现。文本可以被简化为关键数据元素，并以一系列图表或原始来源的摘要方式呈现出来，以此来节省知识使用者的时间，提高使用知识的效率。

3. 中介

内化的过程注重明确、固定的知识传送。中介就是针对一些没有编码存储于知识库的知识，将知识寻求者与最佳知识源相匹配。通过对个体的深度挖掘，中介可以将需要研究特定课题的人或者与之相关的人聚集在一起。

4. 认知

认知是上述三项职能交换之后得出的知识的运用，也是知识管理的最终目标。现有技术水平很少能实现认知过程的自动化，大部分都是专家系统或利用人工知识智能技术做出的决策。

（三）知识经济时代企业管理的模式

企业要想在知识经济时代站稳脚跟，就需要适应知识经济时代的发展，制定合理的企业管理模式，注重在管理上的创新。主要体现在以下几个方面：注重知识的作用，实现智力资本的管理；重视全球化的作用，增强现代意识管理；重视竞争的作用，实现人才的激励管理；注重生态意识，实现生态营销；注重技术的更新与升级。

三、人本管理理论

（一）人本管理的内涵

人本管理是管理学中的重要组成部分。这项理论的提出已经有一段时间，只是尚未形成统一的认识。不管是中国的古代文化，还是西方的各个管理学派，对人本管理的认识都是各执一词，但是他们的观点对人本管理的发展具有重要的影响，不断丰富着人本管理的内涵。

（二）人本管理模式

1. 生涯管理模式

作为人力资源管理内容的生涯管理，向人们昭示体现真正意义的人本管理模式的出现。生涯管理可以从两个方面去理解。从组织层面，可以理解为企业从组织目标和员工能力、兴趣出发，与员工共同制定和实施的一个符合企业组织目标需要的个人成长与发展计划（此时多称为生涯管理）；从个人层面可以理解为员工为寻求个人的发展，而与组织共同制定和实施的既使个人得到充分发展又使企业组织目标得到实现的个人发展计划。生涯管理是在人类社会发展到一定阶段出现的一种全新的管理理念和管理模式。

第一，它是劳动者工作动机高层化与多样化的结果。由于社会经济的不断进步，人们的收入水平也有所提升，获取经济收入只是人们参与就业的目标之一。人们在参与生产劳动的过程中，同样希望丰富自己的社会经验，增加社会交往，提升自己的社会地位。他们也希望获得更多的权利，参与到管理的过程中，有更多的机会展示自己、提升自己。

第二，脑力劳动逐渐取代体力劳动，传统的过程管理模式已经不再适用现代的经济发展，管理的效果也并不能使大多数人满意，生涯管理的方式更符合现代企业的要求。

第三,在市场经济条件下,企业的竞争压力越来越大。适应市场经济变化、更新产品的功能与品牌形象,需要企业员工能力的进一步提升,还需要企业优化员工的配置。

第四,员工希望企业可以照顾到个人的素质和兴趣特点,甚至是系统的素质开发与配置,为自己以后的成长与发展奠定良好的基础,这样才有可能实现人的多重发展。

传统的人事管理必须做出一定的改变才可以适应社会的发展要求。生涯管理消除了传统人事管理的弊端,将人力资源的各项内容有机地整合在一起,使人员配置得到进一步优化,从而调动员工的积极性。生涯管理可以说是人本管理最好的体现模式。

2. 能本管理模式

管理理念是支撑组织发展的核心文化精神,是组织文化的深层价值。能本管理的理念是以能力为本的。具体来说,现代形态的文化价值观,应建立在能力价值观的基础之上,要以能力价值观为主导来支撑和统摄其他价值观(如利益、效率、个性、主体性、自由、平等、民主、创新等);而且当"权位""人情""关系""金钱""年资""门第"同"能力"发生冲突时,应让位于能力;在市场经济、知识经济和现代化建设条件下,人生的一切追求、一切活动应围绕如何充分正确发挥人的能力;人要依靠能力来改变环境,依靠能力立足,并实现个人价值,依靠能力来为社会工作;在对组织和成员的行为表现进行评定和奖惩时,应首先看其能力发挥及其为社会做出贡献的状况。

能本管理对组织与成员之间关系的要求:组织既要引导成员通过努力来实现自身的价值,还要发挥成员的优势,为组织、国家、社会做出贡献,进一步实现个人的价值。同时也要求组织为每一名成员营造良好的环境、提供相对公平的机会,引导成员将个人目标与组织目标联系在一起,使组织与成员成为共同体，将组织的发展与成员个人的发展联系在一起，实现组织与成员的共同发展。

努力消除维持型组织，建立一个创造型组织，逐步实现文化创新、制度创新、组织创新和技术创新；努力消除经验型组织，建立一个学习型组织，即从组织结构、形态和制度设计到组织成员的理念、价值观、态度、心理、思维和行为，都应具有强烈的自我组织、自我调整、自我发展和自我完善的能力，从而使成员具有主动驾驭组织的目标和任务，并能适应外部环境变化的意识和能力，而这些能力形成的一个重要途径，就是组织对成员的教育和培训，使成员在组织中能得到"终身学习"和"持续培训"。组织应建立科学的教育培训体系，加大教育培训的力度；还要逐渐消除形式型组织，建立一个实效型组织，使组织注重实效，反对形式主义，力图增强组织的实力和活力。

能本管理对组织成员的要求是进一步挖掘成员的潜能，优化人员配置，使成员的才能得到进一步的发挥与展现。成员可以通过不断地学习来提升自己的能力，通过取得的成绩来证明自己的努力。

能本管理在用人制度上，尽量避免根据领导的喜好或者是人情关系来选拔人才。选拔人才的标准应建立在公正、公平、公开的原则上，将合适的人放在合适的岗位上才是最重要的。

四、再造理论

（一）再造理论的特点

再造理论的特点：向基本信念挑战；彻底性；跃进式的发展；从业务流程着手。

（二）企业再造

1. 企业再造的核心领域——业务流程

企业再造的核心领域是业务流程，企业再造的关键技术就是重整业务流程。业务流程是企业为满足顾客需求，通过输入各种原料，以创造出符合顾客需求的产品或服务的一系列活动。在业务流程再造前，企业应深入分析原有的业务流程，发现其中的不足之处。分析和论证业务流程的重要性、问题的严重性及再造的可行性，以便安排业务流程再造的顺序。由于企业资源有限，不能对所有业务流程进行改造。一般优先选择对顾客利益影响最大的流程进行再造，如影响产品特色、交货期限和产品成本的流程。

2. 业务流程改造的策略

业务流程改造的基本原则是执行流程时，插手的人越少越好；顾客了解流程时，越简便越好。依据这一基本原则，企业的业务流程改造可采取以下策略：

（1）合并工序。企业可利用相关技术，将原有的被分割成许多工序的流程按其自然形态合并起来，以提高效率。

（2）共享信息。企业可将业务流程中一些完成工序的人员组成团队，共同完成流程改造，可以使团队之间共享信息，减少工序交接问题。

（3）同步流程。将原有的平行式流程和连续式流程转变为同步流程。平行式流程是指划分流程中的所有工序，所有工序同时独立进行，最后将各个工序的部件进行汇总。连续式流程是指按照流程顺序完成工序，流程中的后一道工序要在前一道工序完成的情况下进行。平行式流程和连续式流程的缺点是运转速度慢、流程周期长。同步流程是指多道工序同时进行，各道工序之间可以随时沟通。企业实施同步流程能提高运转速度，缩短运行周期，有效提高流程运转的效率。

3. 业务流程改造之后的优势

（1）没有装配线。改造后的流程将原本被分割的工序重新组合回去或者将几道工序压缩成一道工序。在新流程中，由服务专员或团队专门解决顾客的问题和需求。通过压缩平行的工序，装配线自然消失了，同时减少了监督工作，精简了工作人员。

（2）提高员工的决策权。新流程压缩了工序，组成了工作团队，垂直的等级制被压缩，减少了以往需要层层上报的程序，员工拥有一定的决策权。

（3）提高工作效率。在新流程中，几乎所有的工序都可以通过信息处理系统同时进行，可以缩短运行周期，有效提高工作效率。

（4）多样化服务。传统业务流程主要遵循标准化生产理念，以不变应万变，所有问题都以同一种模式来处理，整个业务流程刻板僵化。改造后的业务流程具有灵活应变的能力，可以提供多样化的服务方式。

（5）超越界限。传统业务流程中，组织内部之间和组织与外部之间有着行为、权力的界限。改造后的业务流程为提高流程运转的效率，可超越界限行事。

（6）减少审核与监督。在传统的业务流程中，许多工序被分割，需要将分割的工序进行审核和监督后重新组合。改造后的流程合并了一定的工序，减少了连接点，也就减少了审核与监督，在一定程度上避免了组织中的冲突。

（7）企业享有集权与分权的好处。通过改造业务流程，能克服传统流程管理中集权与放权的弊端。新流程管理的主要思想是放权，建立自我管理的工作团队。在新流程中，企业能通过现代信息技术实时掌握各工序的运行情况，节约审核与监督的成本。

（三）企业再造的同步工程

企业再造需要同步工程的应用，在企业进行整合业务流程的过程中，也需要整合企业的相关内容，主要内容如下：重新整合企业价值观；重新设计工作方式；重新设计考评体系。

五、学习型组织

（一）组织成员拥有一个共同愿景

共同愿景作为组织成员共同的愿望，是建立在客观事实的基础之上对未来的合理规划。共同愿景又高于个人愿景，共同愿景将不同的员工聚集在一起，为了共同的目标而努力。

（二）组织由多个创造型团体组成

在学习型组织中，团体作为最基本的学习单位，也是最具创造力的单位。组织是由多个创造型团队组成的，组织中的所有目标也是直接或者间接通过团队来实现的。

（三）"地方为主"的扁平式结构

学习型组织最大的特点就是尽自己最大的努力，将决策权下放到离公司管理层最远的地方，倡导决策权向组织结构的下层移动，可以让公司最底层的员工拥有一定的决定权，有了权力，也要对自己的权力与决定负责。这样的思想组织结构趋近于扁平式。

（四）组织的边界将被重新界定

学习型组织的边界建立在组织要素与外部环境要素的互动关系之上，可以超越根据职能或者是部门划分的规定边界。组织的边界会被重新界定。

（五）员工家庭生活与事业发展的平衡

学习型组织注重员工家庭生活与事业发展的平衡。支持员工充分自由地发展，员工也需要承诺组织认真工作。这样一来，组织与个人之间的界限将会变得模糊，家庭与事业之间的界限也就没有那么明确，很容易达到家庭生活与事业之间的平衡。

（六）领导者的新角色

在学习型组织中，领导者的角色又有了新的定位设计师、教师。在学习型组织中，需要领导者对组织的整体要素进行整合与优化，不仅仅是要设计组织的结构、组织策略，还要设计组织的发展理念。

领导者需要实现组织愿景，对组织的真实情况有所认识，可以准确地了解下属的真实情况，这样才可以促进每一个人学习。

学习型组织是通过组织成员与整个组织的持续学习而建立的，持续学习是组织持续发展的精神基础。它贯穿整个学习的过程，还需要在企业再造成功之后，继续深入学习。要想做到这一点就需要营造一种有利于学习的氛围，鼓励员工为企业的长远发展多做贡献。

六、管理创新理论

（一）管理创新的内容

1. 社会整体目标创新

知识经济下要求企业管理在追求自身目标的同时，还需要与整个社会的发展目标相联系。不仅要让顾客满意、员工满意、投资者满意，还要使社会满意，这就是全方位满意的管理原则，以丰富社会整体目标。

2. 精神激励创新

在传统的工业经济管理中领导者注重物质激励，对精神激励并不重视。根据马斯洛的需求层次理论，领导者更应注重人的精神需求。现代企业也不应该再满足于表扬、奖赏等传统的精神奖励，而应该创新精神奖励，赋予员工更多的责任与权力，使员工认识到自己的责任，进而充分调动自身的主动性与创造性。除此之外，还要重视精神奖励的及时性。

3. 组织文化建设创新

传统的工业管理最为重视规章制度等管理，现代知识经济管理则重视组织文化管理。企业文化建设已经成为企业建设中的重要组成部分，实现组织文化管理，在知识经济时代下，不管是企业内部还是企业外部原有竞争者将普遍联合，选择合作机制，在一种和谐的文化氛围中共同开拓与培育市场。

4. 知识管理目标创新

将信息与人、信息与过程、信息与信息联系在一起，可以实现大量的创新。通过将信息与人的认知能力结合在一起，可以进一步产生知识，运用信息创造知识，实现知识管理的目标。

5. 集体知识共享和技术创新

知识经济中员工的重要性不仅取决于他以前的知识掌握情况，更在于他不断学习、不断创新知识，将新的知识运用到实际中的能力。培养员工这种潜力，实现员工之间的共享与集体拥有知识，作为企业竞争的核心所在，可以满足知识经济管理的要求。

（二）管理创新的空间

1. 企业外部环境的变动导致管理创新空间的存在

企业作为市场活动的主体，在进行市场经济活动的过程中，不可避免地会与外界的企业发生联系，甚至还会影响企业内部的资源交换与配置。

同时，将对原来企业的运行方式产生影响。对企业外部影响较大的因素主要有以下几种：市场结构的变动；经济周期性波动；政府、竞争对手及消费者；制度变迁和政策效应的影响。

2. 企业内部资源配置的复杂性导致管理创新空间的存在

随着社会的发展、市场完善需求的复杂化，企业内部资源的配置呈现复杂与简单两种趋势。一方面，由于科学技术的进步、大规模自动化设备的产生，产品生产规模化、简单化，对员工的操作要求并不高。另一方面，面对市场需求的复杂性，企业只有开拓管理创新空间才可以实现销售产品的目的，才可以实现市场销售观念的转变。

区分好作为管理对象的人与管理主体的人。企业中的人，是重要的资源要素。人既是管理主体也是管理对象。人的劳动成果只有投入资源配置的过程中与大生产的要素相结合，才可以创造出应有的价值。分工协作作为工业化提高劳动生产效率的重要手段，因为分工不同，在最终产品中难以确定每一个劳动者的劳动贡献，很容易出现在生产过程中员工搭便车的行为。

技术的进步速度加大了学习的难度。技术进步既是企业资源配置的内在变量，又是一个外在变量。技术的进步速度日新月异，技术越先进，企业的竞争优势也就越大。企业在追求利益最大化的同时，也要追求最经济的方式，节约企业的成本，追求技术创新。

深化资源配置对象的发展。伴随着经济的不断发展，企业的可利用资源也在不断深化，原来不被人们重视的材料，可能成为企业生产的重要资源。

（三）管理创新行为与范式

动机与运行激励作为主要的内在因素，在管理创新理论中占据重要的地位。动机就是产生某种行为的内在动力，包括心理需求与满足感。管理创新需求作为管理创新主体对某种创新目标实现的欲望，也就是管理创新主体希望自己的创新能力可以得到体现。从一定程度上讲，创新管理需求是人的最高层次的需求。由创新管理需求产生的创新管理行动可以协调组织行为、提高活动的效率。它们之间可以平行进行，也可以交叉进行。不管采用哪一种模式，都是为了实现管理创新主体所设定的目标。管理创新行为没有固定的模式，但是有基本原则与规律（范式），主要包括管理创新原则、管理创新的边界及管理创新模式三个部分。管理创新原则是管理创新的基准与出发点；管理创新的边界则给定了一个具体管理行为的可行域管理创新目标的达成域；而管理创新模式则是管理创新本身的一个系统流程。实际上不管是普通的员工还是领导者，在考虑进行创新时都需要考虑以上三点，要不然只能停留在口头上，不能落实到行动中。

七、市场供应链管理

（一）供应链管理的概念

供应链管理是指对整个供应链系统进行计划、协调操作、控制和优化的各种活动和过程，其目标是要将顾客所需的正确的产品在正确的时间，按照正确的数量、正确的质量和正确的状态送到正确的地点，即"6R"，并使总成本最小。

（二）供应链管理的基本思想

与传统的企业管理相比，现代供应链管理体现了以下几个基本思想：系统观念；共同目标；主动积极的管理；采取新型的企业与企业关系；开发核心竞争能力。

（三）供应链管理的过程

供应链管理的过程主要分为四个阶段：竞争环境分析，准确识别企业供应链所面对的市场特征，掌握第一手资料；企业现有供应链诊断，采用合适的方法与技术进行供应链分析；供应链的开发与设计，通过供应链诊断找出对顾客满意度有影响的因素，重新进行供应链的开发与设计；供应链改进方案的实施，形成供应链管理所设定的最初目标。

（四）供应链管理的方法

在时间上重新规划企业的供应流程，以充分满足客户需要。推迟制造是供应链管理中实现客户化的重要形式，其核心理念就是改变传统的制造流程将体现顾客个性化的部分推迟进行。在整个供应系统的设计中，应该对整个生产制造和供应流程进行重构，使产品的差异点尽量在靠近最终顾客的时间点完成，充分满足顾客的需要。这种对传统的制造流程进行重构的做法实际上与当前流行的企业再造是一致的。

在地理空间位置上重新划分企业供销厂家的分布情况，可以降低企业的经营成本。供应厂家与销售厂家的合理布局，会减少时间的浪费，更快地将生产的产品输送到消费者手中。企业与供销厂家之间的沟通协作，可以进一步减少运输及存储费用，降低企业的经营成本。

在供应链管理中，需要实现生产商对所有供应厂家的制造资源进行统一的收集与协调。企业的供应厂家不止一家，为了更好地完成用户目标，就需要对所有供应厂家的生产资源进行统一规划与协调，将它们视为一个整体。

第二节　经济管理思想的演变

一、早期的管理思想

中国文化源远流长、博大精深，在管理方面也不例外，很多的管理思想甚至比西方要早几千年，至今仍有借鉴意义。

在中国古代，我国的司马迁、孙武等人都曾提出过一些重要的管理思想，只不过没有形成系统的管理体系。

18世纪60年代以后，西方国家开始了产业革命，很多的管理思想也由此出现。如，罗伯特欧文提出重视人的因素的观点，亚当斯密的"经济人"的观点等。

二、古典的管理思想

古典管理思想主要集中在19世纪后期以及20世纪30年代。其主要代表人物有泰勒与法约尔。

泰勒作为科学管理理论的代表人物，最重要的管理理论集中在组织管理与作业管理这两个方面。法约尔在实践中总结出了著名的"法约尔法则"，还有13项一般管理原则。

三、中期的管理思想

中期的管理思想产生于1930年至1945年。管理思想的代表人物有梅奥与巴纳德，代表思想为人群关系学理论。该理论认为，员工不仅仅是"经济人"，更是"社会人"。管理者需要从社会与心理这两个方面来提高员工的积极性。在企业中，一定要认识到非正式组织的作用，平衡好正式组织与非正式组织之间的平衡，提高劳动效率与生产效率，还要提高员工的士气。

巴纳德是组织理论的代表人物。他认为，组织是一个系统，在组织内，主管人是最重要的因素，只有依靠主管人的协调，才能维持一个"努力合作"的系统；组织的存在要有三个基本条件，即明确的目标、协作的意愿和意见的交流；要使组织存在与发展，必须坚持组织效力和组织效益原则。

四、现代的管理思想

现代管理思想，主要产生于 1945 年之后。此时的管理思想发展态势良好，出现了很多的管理学派，管理思想异常活跃。

行为科学学派的代表人物有马斯洛，他著名的需求层次理论的提出者。他将人的需求划分为五个层次。还有一位代表人物是赫茨伯格，他提出了双因素论，将影响工作动机的因素分为两种：内部因素与外部因素。

权变理论学派的主要代表人物有菲德勒和卢桑斯。他们的观点是，不存在一成不变的、适用于所有情况的管理模式与方法，管理者应该根据所处的情况与现实条件，采取不同的管理模式与方法。

决策理论学派的代表人物有西蒙，他表示，管理的关键在于决策，决策作为一个复杂的过程，可以根据决策的性质分为程序化决策与非程序化决策，可以根据人的满意情况进行决策。

经验主义学派的代表人物戴尔与杜拉克表示，管理学的主要研究内容为管理经验，该学派主张从大企业的管理经验入手，对其进行总结归纳，从而给企业的管理人员提供可实行的建议。

第三节　经济管理的性质与原则

一、经济管理的性质

从微观经济层次的角度，对一系列社会现象进行深入的分析，促进政策的运行，对市场中存在的"市场失灵"等问题进行分析，制定相关的经济政策,实现收入的公平分配。还可以通过制定相关的货币政策、财政政策、收入政策等,进一步保障经济的平稳运行,政府通过对货币及汇率制度进行标准化的管理,可以确保国际收支平衡。

在微观经济学中,通过对个体经济单位经济行为的研究,来体现西方经济市场机制的运行与作用。在这个过程中,发现这种经济运行的不足,改善相关问题。其主要的组成部分为市场结构理论、生产要素收入分配理论、消费者行为理论、生产成本理论等。这些经济理论共同构成了公共部门经济学的主要研究工具。公共部门经济学的理论发展,也应该感谢微观经济学的发展。

经济管理是指经济管理者与管理机构为了实现特定的目标,对社会经济活动进行事前分析、决策、计划、控制、监督的过程的综合。经济管理作为人们进行共同劳动的一种客观要求,也是一个复杂且庞大的过程,更是一个有机的整体。

经济管理具有双重属性,既包含自然属性也包含社会属性。管理的双重性是由生产的双重性所决定的,经济管理的自然属性是经济活动中的共性,经济管理的社会属性是经济管理的个性。这就相当于相同的管理过程中的两个方面,掌握经济管理过程中的这一特点,有利于管理者对经济管理过程中客观规律的掌握,更有利于理解经济活动,正确借鉴资本与经济管理的经验。

二、经济管理的原则

经济管理的原则简单来说主要包括三种:经济效益最佳;物质利益;遵循客观规律。

三、现代企业经济管理的意义

经济管理是将经济学与管理学结合，一般企业在发展过程中，只注重企业的经济效益，而忽略了企业的管理，导致企业无法良好地运营下去。而经济管理拥有很强的实践意义，可以让企业良好地发展，将企业成本控制在合理的范围内，同时，合理配置人力资源，使人力发挥最大的作用。

（一）调动员工工作积极性

现如今相对20世纪，更注重全方位发展，从员工在企业中的个人价值及薪资福利，到公司的企业文化及工作环境都受员工的关注。所以企业要注重员工的个人利益，同时兼顾企业本身的利益。对每个公司企业来说，员工都是企业最核心的板块，让员工感受到企业的温情及良好的个人发展、薪资福利，是企业能持续走下去的重要内容。所以企业的管理者应该顺应时代的发展，制定合理的企业规章制度，满足员工的基本生活工作需求，此类管理模式可以调动员工的积极性，最大化员工的工作效率，提升企业的工作质量，稳固企业在市场中的社会地位，对企业的未来发展大有裨益，能够使公司长久地发展，获得更大的经济利益。企业的经济管理无论是对员工还是对企业都是一个双向的互惠互利的过程。

（二）提升企业管理水平

经济管理还可以提升企业的管理水平，弥补企业在传统的生产过程中因只注重经济而缺乏管理的漏洞。传统的企业在过去的生产发展过程中自身的管理水平并没有跟随时代而进步。管理模式较为单一，不能将人力作用发挥到最大也导致企业的经济成本过高。随着时代的发展，已经产生越来越多的新型企业，它们占据着年轻态的优势，吸引了大量的青年加入，而传统企业要面临转型，优化自身的企业体系，制定完善的规章制度，从而增强企业的市场竞争力。

随着我国企业制度的转型，很多企业已经取得了非常大的优势，增强了企业本身的管理水平。国家努力推进供给侧改革，企业要努力跟进国家推行的制度，不断改进企业本身的经济管理工作，使企业未来的发展有良好的支撑点。

（三）增强企业的创新性

我国现在的经济与国外、国内都有着密切的联系，这要求企业内部的经济管理一定要跟上企业的发展或者要领先于发展。实行经济管理制度有利于公司把握市场的动态，以及公司内部运营的能力，可以给企业带来良好的经济发展。因此现在企业经济管理存在很强的创新意义，创新是企业未来能否步入良好境地的关键，可以提高企业的适应能力。

第四节　经济管理的内容与方法

一、经济管理的内容

经济管理的内容为企业的决策与管理提供依据，其主要包括以下几个方面：

（一）人力管理

人力资源管理作为经济管理中的重要组成部分，一定要加强人力资源的开发与管理。企业一定要做好员工的培训工作，提高员工的基本素质，不断挖掘企业劳动者的潜力，调动员工的积极性。相关部门建立健全人力资源开发机制，可以为企业人力资源管理提供相关借鉴，教育部门要做好教育工作，为企业输送更多优质的人才，促进企业发展。

（二）财力管理

财力集聚的对象，就是国内社会总产品的价值和国外资金市场中的游资。财力集聚的主要渠道有财政集资、金融机构集资和利用外资。在我国现今的市场经济发展中，除了搞好财政集资外，更应重视金融机构集资和利用外资。财政集资的主要特点是强制性和无偿性，金融机构集资的主要特点是有偿性和周转性。财力管理应坚持的原则：统筹兼顾，全面安排；集中资金，保证重点；量力而行，留有余地；维持财力平衡。

（三）物力管理

物力管理包括两方面的内容，一是自然资源的保护与利用，二是物力的开发、供应与使用。

要想更好地实现物力管理，就需要遵循经济规律与自然规律，主张节约、不能浪费。结合经济发展的要求与人们的需求，开发、使用、保护好物力资源，以合理的方式使用物力，促进企业的正常运行，促进经济与社会事业不断发展。

在设计自然资源的开发与利用的过程中，要根据可持续发展的相关要求，对自然资源进行合理的开发与利用，不能随意开发，要适度开发、合理利用，以提高资源的使用效率，保护自然环境。

（四）科学技术管理

科学是人类实践经验的概括和总结，是关于自然、社会和思维发展的知识体系。技术是人类利用科学知识改造自然的物质手段和精神手段的总和，它一般表现为各种不同的生产手段、工艺方法和操作技能，以及体现这些方法和技能的其他物质设施。

制定科学技术发展规划，合理使用科学技术，努力创新科学技术，积极推广应用科研成果。注重技术改造与先进技术的引进，提升自身的创新能力，加强创新型科技人才队伍的建设，为经济管理服务。

（五）时间资源管理

时间是一切运动着的物质的一种存在形式。时间资源具有不可逆性，具有供给的刚性和不可替代性，具有均等性和不平衡性，具有无限性和瞬间性。

时间资源的管理是指在相同的时间内，为了提升时间的利用率与有效性而进行的一系列的调控工作。时间资源管理的内容，简单来说，就是对生产时间与流通时间的管理。

有效的时间资源管理，就需要做出明确的经济活动的目标与规划，对时间的使用有明确的规划、严格把控时间。对整体的工作程序进行深化与优化，提升工作效率。还要保障有足够的时间用来休息与娱乐。

（六）经济信息管理

经济信息是指反映经济活动特征及其发展变化情况的各种消息、情报、资料的统称。经济信息的特征：社会性、有效性、连续性和流动性。

经济信息的分类标准多样，不同的划分标准会出现不同的分类情况。按照经济信息的获取方式不同，可以分为常规性信息与偶然性信息。按照经济信息来源不同，可以分为原始信息与加工信息。按照经济信息所反映内容的不同，可以分为外部信息与内部信息。

经济信息管理的要求应该建立在及时、准确、适用的基础上。经济信息管理的基本过程分为收集、加工、及时传递、分类储存。

二、经济管理的方法

组织的经济管理方法与行政方法都具有各自的特点。组织具有综合效应，这种综合效应是组织成员共同作用的结果。组织管理就是通过建立组织结构、明确权责关系、规定相关职务，组织成员各司其职，彼此之间相互配合，共同为了一个目标而努力的过程。

（一）经济方法

经济方法是指依靠经济组织，运用经济手段，按照客观经济规律的要求来组织和管理经济活动的一种方法。正确理解经济方法的含义需要把握以下要点：经济方法的前提是按客观经济规律办事；经济方法的实质和核心是贯彻物质利益原则；经济方法的基础是搞好经济核算；经济方法的具体运用主要依靠各种经济杠杆；运用经济方法，主要依靠经济组织。经济方法的特点是利益性、平等性、有偿性、间接性、作用范围广、有效性强。

经济方法的科学运用，在一定程度上可以体现经济杠杆的科学作用。有效地利用经济杠杆，可以加强对经济活动的管理，但是一定要认识到各种不同经济杠杆的作用领域与具体的调节目标。经济杠杆的调节作用可以体现在社会经济生活中的各个方面，实现多种调节目标。如，信贷杠杆是在资金分配的过程中发挥作用，可以促进社会总需求与总供给之间的平衡，还可以促进企业的发展，减少资金的占用，促进资金的合理运转，提高企业的经济利益。

（二）法律方法

经济管理的法律方法，是指依靠国家政权的力量，通过经济立法和经济司法的形式来管理经济活动的一种手段。法律方法的特点：权威性、强制性、规范性、稳定性。

法律方法是国家管理和领导经济活动的重要工具，在经济管理中之所以要使用法律方法，从根本上说，是为了保证整个社会经济活动的内在统一，保证各种社会经济活动朝着同一方向、在统一的范围内落实依法治国的基本方针。具体来讲就是保障国家经济建设的大政方针，保护以公有制为主体的多种经济成分的合法权益，保障科技成果的有效应用，加强国与国之间的经济合作，保证顺利完成经济体制改革。

（三）行政方法

经济管理的行政方法，是指依靠行政组织，运用行政手段，按照行政方式来管理经济活动的一种方法。行政方法的特点：强制性、直接性、无偿性、单一性、时效性。

行政方法使用之前，一般会进行深入的调查研究，注重从实际出发，尊重客观事实。行政方法一般建立在客观经济规律之上，对各级组织与领导人的权力范围有严格且明确的划分，可以正确处理各级组织的关系；裁撤冗余的机构组织，建立健全行政工作责任制，提高办事效率；尊重人民群众的利益，发扬民主，积极联系群众。

合理的经济管理组织是管理者履行各种管理职能、顺利开展各项管理活动的前提条件。建立合理的经济管理组织应坚持的基本原则：坚持有效性原则，即管理组织结构的建立，包括它的结构形态、机构设置和人员配备等，都必须讲效果讲效率；坚持权力与责任相对称的原则，即各级经济管理机构和管理人员，根据所管辖范围和工作任务，在管理经济活动方面，都应拥有一定的职权，还要承担相应的责任；坚持管理层级及幅度适当的原则。一般来说，管理层级与管理幅度成反比例关系，即幅度宽对应层较少，幅度窄对应层则较多；坚持统一领导、分级管理的原则；坚持稳定性和适应性相结合的原则；坚持执行与监督的分设原则。

第五节　经济管理的效益与评价

一、经济管理的重要性

企业的经营活动都是为了获得经济效益而进行的，经济管理是企业管理制度中的重要一环，采取有效对策对企业经济运行进行管理，能够促进企业的健康发展。

二、将经济管理作为企业经营管理的中心

（一）加强资金管理

资金管理作为企业经济管理的核心，也是衡量企业经营标准的重要参考因素。加强资金管理、提升资金的使用效率、优化资金的配置是提升企业经济管理的重要方式之一，这也是企业立足的关键。

（二）坚持资金运转管理的思想

企业经济管理的最终目标就是保障资金的使用科学化与合理化，提高企业的经营效率。经济管理作为企业管理的关键，不只是相关的管理部门应坚持这种思想，而是企业的所有员工都应秉持资金管理的思想。

（三）定期开展经济预算

企业在日常的经营管理中，根据企业实际的资金情况，对企业的经济活动及盈利规划做出合理的设计方案，计算出有效的经济预算，为企业以后的经营决策提供依据。

（四）强化收支管理机制

企业只能设置一个账户，不能建立多个账户，将资源打散，用来掩藏资金。也就是说，企业所有的开支与收入应该用一个账户，禁止相关部门或者个人对资金进行不合理的使用，企业资金的开支应该由专门的负责人进行管理，其他人没有权力支配。

（五）做好成本控制

成本控制是经济管理的重要组成部分，做好成本控制就是协调各部门之间的费用分配，将最具有竞争力的产品指标进行有效的拆分，并在相关部门中严格贯彻。采用最先进的技术管理方式，做好成本控制、节约资金，加强企业的竞争力。

（六）策划经济方案

在进行经济管理的过程中，相关工作人员要根据企业的真实情况，做好经济方案，有阶段性的经济方案，也要有全年的经济方案，做好经济预算，及时解决经济活动的困难，便于经济管理。

（七）研究经济管理的结果

深入研究经济管理的结果，对经济管理具有重要的意义。可以找出经济管理中的不足，吸取相关的经验，不断完善经济管理活动，可以使企业有效地掌握资金，做好预算，促进企业的发展。

三、加大经济管理的力度

要将经济管理与企业的日常经营活动相结合，加大经济管理的力度。在企业的日常经济管理活动中，经济管理的作用可以说在各个环节都有所体现，以保障企业的正常运行，减小资金供应的压力。

（一）影响企业资金周转不畅的因素

影响企业资金周转不畅的因素主要包括相关工作人员的经济管理的意识淡薄；客户欠款与拖款现象严重；所支持的资金账目一直处于较高水平。

企业要根据自身的实际情况，建立专项的管理团队，定期开展收回欠款的活动，还需要各个部门之间的相互配合，做好企业的成本预算，降低企业成本，提高企业的经济效益。

（二）拓展经济管理的途径

1. 做好经济规划

良好的经济规划对企业的发展方向具有重要的指导意义，经济规划做得好，就会提升企业的经济效益，增强企业的经济管理。要想做好经济规划就需要从以下几个方面着手：掌握企业的具体情况，对资金的流通规律有基本的认识；应该进行充分科学调研，依法经营；厘清投资过程，科学民主地进行经济管理；建立风险预警机制。

2. 体现经济监督

企业要想维持正常的运转，就需要建立健全经济监督机制，成立管理领导小组，加强经济管理监督工作，反对不良经济行为。经济管理人员一定要具备高度的责任感，对不良的经济行为要坚决抵制，发现问题，及时与有关人员沟通，坚守自己的职业道德，保障职工的合法权益。

3. 科学分配企业盈利

盈利的分配直接关系员工的切身利益。科学地分配企业的盈利，可以调动员工的工作热情，还可以促进企业的整体发展。目前，大部分企业的分配原则都是采用平均分配，这在一定程度上挫伤了企业员工的生产积极性，也使企业的运行陷入一种不良循环。

根据经济管理的内容，企业的领导可以采用多种形式来改善盈利的分配，体现杠杆的调节作用，使企业的运行达到一种相对平衡的状态，提升员工的积极性，让企业朝着更好的方向运行。

要想全面提升企业经济管理的引导效果，就需要建立一个科学、全面、有效、可实行的经济管理体系，不只是依靠某一个部门或者某一部分人员，而应该依靠企业的全体部门与全体职工。一起努力致力于做好管理决策，提升员工素质，利用最先进的技术，做好成本控制、资金规划，提升经济管理的效率。除此之外，还要加强企业员工的相关培训，不断提高企业的管理水平，提升企业的经济效益，进而为企业的发展做出贡献。

四、如何提升企业经济管理效益的思考

经济管理作为企业管理工作的核心组成部分之一，贯穿企业经济发展的全过程。当今时代，社会经济发展迅速，企业在经营过程中，面临投资与收益风险并存的挑战，企业经济管理在企业经济发展中的地位不断提高。而传统的企业经济管理无法满足当前企业现代化发展提出的具体要求。企业有必要在经营发展过程中，严格按照企业经济管理的原则，探索传统企业经济管理模式中存在的问题，并结合新时代企业现代化发展对经济管理的要求，探寻一套适应社会发展要求的新经济管理制度，以此进一步提高企业经济管理水平，切实提高企业市场经济效益，为降低企业经营发展风险和推动企业稳健、持续发展奠定良好的基础。

（一）企业经济管理相关内容概述

1. 企业经济管理的内涵

所谓"企业经济管理"，指的是在国家法律法规和方针政策的指导下，依据国民经济发展的客观规律和企业对资金的管理要求，有组织地对企业

的财务活动及财务关系进行的一项管理工作。作为企业管理工作的核心内容之一，通过加强企业经济管理，可以切实降低企业的经济风险，提高企业经济收益，这是企业面临复杂多变的市场环境，提高自身市场核心竞争力，实现企业稳健、可持续发展目标的重要举措之一。企业有必要深刻认识企业经济管理的重要性和了解经济管理的具体内容，只有这样，才能在实践工作中有的放矢地进行各项工作的优化，以此推动企业稳健、持续发展。

2. 企业经济管理的地位

企业经济管理在企业经营发展中的地位，通常可以从三方面来表述：基于资金筹集角度来说，经济管理主要是研究企业资金筹集方法、渠道和规模，并充分考虑企业所能够承受的最大财务风险，以此避免出现以贷还贷的恶性循环。基于资金利用角度而言，经济管理要科学调节生产性支出和非生产性支出的比例关系，尤其是各产品之间的投资比例，以企业品牌产品为主，以次要产品为辅，以此确保企业产品的核心竞争力。基于企业经营环境角度而言，经济管理要着重研究企业所处地理位置生活水平等，以此为依据制定可行的经济管理方案，为推动企业进一步发展奠定基础。

3. 企业经济管理原则

企业经济管理过程中，要想切实发挥企业经济管理的作用，推动企业稳健持续发展，还需要在经济管理过程中，严格遵循一定的原则，具体涉及如下几个方面的内容：

第一，风险、收益平衡原则。企业经济管理工作中的一个目的是在项目中获取一定的经济收益和资产。经济管理过程中面临最大的挑战是经济收益和风险的平衡。一般而言，投资风险大的项目，往往伴随着较高的期待投资收益；反之投资风险小的项目，期待的投资收益越低。经济管理要想实现企业经济发展目标，唯有平衡风险和收益能力。

第二，合理配比原则。配比原则指的是短期资产所需资金应该运用短期负债方式来筹集，而长期资产所需资金往往采用长期借款方式来筹集。而企业经济管理工作在此所要发挥的作用是对资产和资金的利用，进行科学配比，以确保资金利用效益最大化。在此过程中，必须要求企业相关人员对资产利用和资产剩余、分配具有全面、详细的了解，才能保证资产和资金配比的合理性和科学性。

第三，货币时间价值原则。货币时间价值决定因素具体包括时间长短、收益率高低。通常而言，期限与利率成正比关系，即期限长、利率高，这就决定了资产具有未来发展前景和升值空间。基于这一认识，企业经济管理中，要对资产来源和用途有一个全面的了解，才能有效把控资产未来升值空间。只有如此，企业经济管理水平才能真正提高，从而有助于提高企业经济效益。

（二）企业经济管理现状分析

企业经济管理作为企业管理工作的核心内容之一，虽然在企业经济发展过程中占据重要地位，并受到企业相关人员的高度重视，但是在具体操作中，当前的企业经济管理存在一系列问题，已经无法满足企业现代化发展的实际需求，问题总结如下：

1. 投资决策和管理方面

企业经营发展过程中，项目投资是扩大企业规模、提高企业经济效益的重要举措，而在此过程中也面临项目投资失败的风险，从而会给企业带来不可估量的经济损失。企业的投资决策会直接影响企业的经济效益。但是当前企业投资决策和管理方面都出现了一些问题，甚至一部分企业的管理人员没有意识到投资决策和管理对企业经济发展和提高经济效益的重要性，造成其在投资决策和管理方面出现了盲目投资和忽视管理的现象，给企业带来巨大的经济损失。部分企业管理人员片面地认为在企业经营过程中，要想提高企业经济效益，就得不断扩大企业经营范围，并忽视了所有投资项目的正确决策和管理，造成企业资金周转出现压力，长期盲目地投资会导致企业资金链断裂，不但无法从投资项目中获取一定量的经济收益，还会让企业资金链断裂，无法维持正常的运营状态，从而让企业面临可持续发展的挑战。

2. 企业资金管理方面

企业经营发展过程中，影响企业可持续发展的最大问题之一是资金短缺。现实中，企业之所以面临资金短缺问题，是因为企业经济效益不好，然而这并不是唯一的因素，且这类因素影响甚微，更多的是企业经济管理出现了问题。鉴于企业管理人员对现有资金管理不当，造成企业资金利用存在不合理之处，额外增加了不必要的支出，容易给企业增加资金负担，严重情况下会造成企业资金链断裂。除此之外，部分企业热衷于预算外资金的使用，造成企业资金无法正常运转。部分企业一味重视品牌的推广，在此过程中，耗费了大量资金，其初始目的在于提高企业市场知名度，不断拓展企业和社会之间的社会关系，但是忽视了资金回收和报酬水平的高低，单纯地向项目中投资，造成企业资金出现恶性循环，出现资金短缺，最终导致企业无法正常经营和管理，企业经济效益的提升自然成了一句空话。

3. 企业费用管理方面

企业经济管理中存在的问题，除了上述问题之外，还在费用管理方面出现了一定的问题，没有做到科学合理的消费，导致企业资金浪费严重。部分企业对资金消费缺乏一个长远规划，而在企业经营管理发展过程中，一味地进行花费，并在一些非生活性环境下产生了大量消费。

(三）企业经济管理效益的提升策略分析

基于上述分析可知，企业经济管理的目的在于降低企业的经济风险、提高企业经济效益。而在实际操作过程中，企业经济管理出现了一系列问题，如投资决策和管理、资金管理等，不利于企业经济效益的提高。企业有必要从更新经济管理理念、加强全面预算管理、加强资金管理等方面入手，采取有效措施予以提高经济管理水平，有效提升企业经济效益。

1. 更新经济管理理念

近年来，社会经济快速发展，市场环境也随之变得复杂多变，企业之间的竞争压力日渐提高。当前企业面临巨大的市场竞争压力，要解决此问题，只有更新经济管理理念，并充分认识财务管理对企业经济发展和规模扩张的重要性。企业管理人员自身要深刻意识到经济管理的重要性，并定期对企业财务工作人员展开专业的经济管理知识和技能培训，让企业相关人员充分意识到经济管理、投资决策和管理的重要性，尤其是财务人员更需要对此方面有一个深刻的认知，只有如此，企业相关工作人员才能在具体的工作中，严格按照相关制度做好与经济管理相关的工作。企业要发动全体工作人员集体思考企业融资方法和渠道，以此保证企业经营管理过程中，拥有充足的资金，避免资金短缺问题，保证企业正常运营。企业财务工作人员应实时对企业财务状况展开综合性分析，并将此情况全面告知企业全体职工，让企业全体职工了解到企业财务现状，为后续的经济管理工作提供一些依据。

2. 加强全面预算管理

企业经济管理效益的提升拥有多种途径，而企业加强全面预算管理便是最为有效的途径之一。企业全面预算管理指的是企业管理人员对企业未来发展做预算安排和行为打算，并对企业内部各类资源进行优化安排，在此基础上，严格按照企业相关制度规范做好每一项工作，以此保证企业管理朝规范化、标准化、制度化方向发展，以此有效提高企业经济管理效益，为推动企业进一步发展奠定良好的基础。企业预算管理效果的评价，要以目标利润为基础，编制全面的销售预算、采购预算、费用预算、成本预算、利润预算等，确保企业各项经济活动能够严格按照预算的轨道发展，不至于在企业经营发展中出现资金问题，以此有效提高企业经济管理水平，有利于企业进一步发展，且有助于提升企业经济效益。

3.强化企业资金管理

企业资金管理是企业经济管理的核心内容之一，一定程度上，通过加强企业资金管理，可以整体提高企业经济管理效益。现实中，企业要想加强资金管理，可从以下几个方面入手：一是采用合理且有效的方式筹集资金。二是严格按照货币时间价值，科学合理地做好企业短期借款和长期借款工作，以此保证企业资金利用率最大化，从而有效地提高企业经济效益。三是科学合理地支配企业每一笔资金，并保证企业资金支出时，与各部分进行有效的沟通，保证每一笔资金的支出是合理的。只有如此，企业才能在经营发展过程中，规避资金浪费问题，进而保证企业资金运转的正常性，切实提高企业经济管理水平，为推动企业进一步发展提供资金保障。

企业经济管理是提高企业经济效益的具体措施之一。在企业经济管理中，相关人员要全面了解经济管理的内容和地位，并在实践中予以全面预算管理、强化资金管理等，切实提高企业经济管理水平，从而有效提高企业经济效益，以此推动企业的进一步发展。

第二章 经济管理目标与经济管理环境

第一节 经济管理目标概述

一、经济管理目标的含义

（一）目标

目标是目的或宗旨的具体化，是各项活动所指向的终点，即一个组织或一个人在一定时期内奋力争取而所希望达到的结果。每一个组织或个人都有自己的目标，倘若无目标存在，就会失去方向、斗志、动力。当然，不同的组织或个人所从事的活动内容和所处系统的层次不同，其目标也是各不相同的。

（二）经济管理目标

经济管理目标就是经济组织的目的或宗旨的具体化，是在分析外部环境和内部条件的基础上确定的一定时期内各项经济活动的发展方向和奋斗目标。经济管理目标为经济组织决策指明方向，是经济组织计划的基础，也是衡量经济组织实际绩效的标准。

传统的经济组织把经济管理目标定位在利润最大化上，在完全竞争的市场环境下，经济组织在追求自身利益最大化的同时，通过市场这只"看不见的手"的引导，实现资源配置的优化，从而实现全社会公共利益的最大化。而面对日趋变化的社会环境，经济组织为了保持自己在公众中良好的形象，不得不"割舍"一定的利润，以承担其在环保、就业、社会稳定等方面相应的责任。

正如美国未来学家阿尔文·托夫勒在《第三次浪潮》一书中预言的那样，未来世界衡量管理的标准不再仅仅是劳动生产率、销售量和盈利额，而是由社会、环境、信息、政治、经济、道德等方面组成的综合标准。

二、经济管理目标体系

在现代社会，经济管理目标作为衡量经济组织履行其使命的标志，单一指标无法胜任，必然存在一个相互联系、相互支持的目标体系。经济管理目标一般可归纳为以下几类：

（一）按经济管理目标的内容划分

经济管理目标的内容和重点随着外界环境、经营思想、自身优势的变化而变化。经济组织是市场竞争的主体。竞争环境的变化，经济组织对自身核心能力的思考，在一定程度上决定了其在不同时期的经济管理目标是不同的。就现代经济组织而言，一般可以从以下几个方面考虑经济管理目标的基本内容。

1. 社会目标

经济组织的社会目标就是指经济组织应为社会做出的贡献，具体表现为其所提供的产品和服务的品种、质量、数量以及对生态平衡的保护、对社会公共事业的贡献等。它是经济组织（甚至任何组织）赖以生存的基础，体现了经济组织与其外部环境之间的关系，即经济组织从社会取得一定的投入资源，而又为社会提供一定的服务和产品。

2. 市场目标

市场目标是指经济组织在经营活动方面应取得的成果。市场目标不仅包括占有国内市场的广度，也包括走向国际市场、提高产品国际竞争力的程度。

3. 发展目标

发展目标用来指明经济组织的使命和宗旨，表明经济组织存在的理由和价值，反映经济组织的价值观。发展目标通常包括经济组织在增加品种、推进技术、提高质量、扩大市场、开发人才等方面应取得的成果。

4. 利益目标

利益目标是指经济组织在物质利益方面应达到的成果，可用利润总额、销售利润率、税后利润、奖励基金、福利基金、工资增长率等指标表示。利益目标是经济组织经营活动的内在动力，是组织生存和发展的基本条件，是衡量经济组织经营活动效果的基本尺度，也是经济组织满足各方面要求、实现其他目标的前提。经济组织的利益目标与社会目标之间存在既相互矛盾又相互统一的关系。

从发展的角度看，经济管理目标的内容日趋丰富，从泰勒时代单纯的利润目标，到强调人际关系、注重工作丰富化等的目标，经济管理目标的制定一直强调对经济组织内部资源的挖掘。第二次世界大战以后，顾客至上的经济管理目标日益普及，发展至今，经济管理目标又融入了关注社会责任、提倡绿色管理的内容。政府对经济组织的干预，又决定了经济管理目标必须与政府的政策相一致。在目标内容方面，美国著名管理学家彼得·德鲁克指出，经济组织的性质本身需要多重目标。他认为在以下 8 个领域必须制定出绩效和成果的目标：市场地位、创新、生产率、物资和财务资源、可营利性、经理人员的业绩和培养、工人的工作和态度、社会责任心。斯蒂芬·P.罗宾斯所著的《管理学》一书中，通过对80家美国大公司进行调查，发现每家公司设立的目标数量都不尽相同，从1～18个不等，平均为5～6个。在这些目标中得到最高评价的前10个目标依次为利润率、增长、市场份额、社会责任、雇员福利、产品质量和服务、研究与开发、多元化、效率、财务稳定性。

（二）按经济管理目标在不同时期的战略重点划分

上述经济管理目标，在不同的历史时期，由于经济组织所面临的问题有所不同，应有不同的战略重点。因此，经济管理目标又可被分为战略目标和战术目标。

战略目标是在较长的时期内决定经济组织发展方向和规模的总体目标。每一个经济组织在其发展的不同历史时期，均有不同的战略目标。就其目标的性质来说，分为三种：成长性目标、稳定性目标和竞争性目标。

成长性目标表明经济组织的进步和发展水平。这种目标的实现，标志着经济组织经营能力有了明显的提高。成长性目标包括：销售额及其增长率；利润额及其增长率；资金总额；生产能力。稳定性目标表明经济组织经营状况是否安全，有没有亏损甚至倒闭的风险。稳定性目标包括：经营安全率；利润率；支付能力。竞争性目标表明经济组织的竞争能力和经济组织形象。竞争性目标包括：市场占有率；产品质量名次。战术目标则是保证战略目标实现的近期具体目标。

（三）按经济管理目标的考核性质划分

按经济管理目标的考核性质，可以将经济管理目标分为定量目标和定性目标。定性目标就是依靠人的知识和经验从性质上描述争取达到所希望的未来状况或结果。定量目标就是指用时间、数量、质量等量化的具体指标描述争取达到所希望的未来状况或结果。一般来说，目标必须是可考核的，而使目标具有可考核性的最方便的方法就是使之定量化，从上到下逐级量化。但是，在经济组织的经营活动中，定性目标也是不可缺少的，主管人员在经济组织中的地位越高，其定性目标就可能越多，有时，提出一个定性目标可能比规定一个定量目标更能使主管人员处于有利、主动的地位。

（四）按经济管理目标所要达到的水平划分

经济管理目标按照其所要达到的不同水平，可分为突破性目标和控制性目标两类。所谓突破性目标，是指使生产水平或经营活动水平达到前所未有的目标水平。某厂产品的废品率在15%左右，在经济管理目标中提出使废品率降到10%，这个10%就叫突破性目标。所谓控制性目标，是指使生产水平或经营活动水平维持在现有水平的目标。

（五）按经济管理目标的管理层次划分

任何经济组织的目标都不是单一存在的独立目标，总目标可以被分解为各个层次的子目标或分目标，使之分配到经济组织内相应的管理层次上。各个层次的目标仍可被进一步分解，使之落实到内部各个部门，甚至将具体的目标落实到个人，使之呈现具有层次的一系列目标的总和，即组织目标具有层次性。美国著名管理学家哈罗德·孔茨将企业的目标划分为自上而下的七个等级层次：一是社会经济总目标；二是使命；三是一定时期的全部目标，包括长期目标和战略性目标；四是更具专业性的全部目标；五是分公司目标；六是部门或单位目标；七是组织成员的个人目标，包括成就、个人培养目标等。从经济组织的结构角度来看，在不同时期都应有一个重点的战略目标，也就是总体目标，它是一切生产技术经济活动的立足点和出发点，可被划分为若干中间目标，如产品发展目标、质量目标、市场销售目标等。中间目标又可被划分为若干具体目标，如工作质量目标、服务目标等。具体目标是靠员工的劳动实现的，因而具体目标还可被划分为不同岗位上员工的个人目标。管理层次的差异性决定目标体系的垂直高度，经济管理目标构成了一个有层次的目标体系。

在经济管理目标体系中，上下层次目标之间的关系是：上层次目标是下层次目标的立足点和出发点，对下层次目标有制约和规定作用，其实现程度依赖于下一个层次目标的实现程度、生产率的高低和贡献的大小；下层次目标是上层次目标的发展，为上层次目标的实现而服务，是实现上层次目标的手段。在同一层次的不同目标之间，形成横向的有机联系，使各环节、各部门的经营活动紧密地衔接。上下层次目标之间、同层次目标之间，也存在着相互矛盾、不一致和不和谐的方面。在确立经济管理目标时，要注重发挥其一致性和协调性方面的作用，并注重限制和克服其矛盾、不一致、不和谐方面的作用。

（六）按经济管理目标之间的网络关系划分

经济组织中各类、各级目标构成一个网络，表示研究对象的相互关系。要使一个网络发挥作用，就必须使各个目标彼此协调、互相支援、彼此呼应、融为一体。

（七）按实现经济管理目标所需的时间长短划分

按实现经济管理目标时间的长短，可以将其分为短期目标、中期目标和长期目标。它们的区分是相对而言的。短期目标是中、长期目标的基础。任何长期目标的实现必然是由近及远的，在长期目标的第一年中实现的短期目标应该是全面、具体的，而且在第一年中所要做的工作必须为以后各年所要做的工作打下基础。

三、经济管理目标的重要性

（一）指明方向

经济管理目标反映一个组织所追求的价值，是衡量组织经济活动的价值标准，也是经济组织生存和发展的意义所在。从某种意义上说，它起到统一思想、为实现同一目标而协调集体活动的作用。明确经济组织在各个时期的经营方向和奋斗目标，能够使经济组织的全部生产经营活动突出重点。

（二）激励员工

经济管理目标是一种激励经济组织成员的力量源泉。根据期望理论的基本原理，目标对人的激励作用可用如下公式表示：

激励作用 = 目标效价 × 期望值

其中，目标效价是一个人对某一成果的偏好程度，期望值是某一特别行动会导致一个预期成果的概率。从组织成员个人的角度来看，目标的激励作用具体表现在两个方面：一是个人只有明确了目标才能调动起潜在能力，尽力而为，创造出最佳成绩；二是个人只有在达到了目标后，才会产生成就感和满足感。合理先进的目标，能把每个员工的积极性和聪明才智科学地组织到目标体系里，并得以有效的发挥，起到激励员工的作用。

（三）凝聚力量

经济组织是一个社会协作系统，它必须对其成员有一种凝聚力。一盘散沙的经济组织难以发挥作用，是不能够长期存在的。它的凝聚力大小受到多种因素的影响，其中一个因素就是目标。特别是当组织目标充分体现了组织成员的共同利益，并能够与组织成员的个人目标取得最大程度的和谐一致时，就能极大地激发组织成员的工作热情、献身精神和创造力。当然，经济组织的目标与个人目标之间存在着潜在的冲突，也是削弱其凝聚力的主要原因。

（四）客观标准

经济管理目标是考核主管人员和员工绩效的客观标准。大量的管理实践表明，仅凭上级的主观印象确定下级主管人员绩效的考核依据，是不客观、不科学的，因而不利于调动下级主管人员的积极性。正确的方法应当是根据明确的目标进行考核。

（五）统筹协调

现代化管理的技术方法多种多样，如全面质量管理、管理运筹学、系统工程等，这些管理技术都是以目标管理为主轴，与目标管理互相配套的。通过推行目标管理，能够统筹协调和充实完善各项管理技术，促使经济组织管理科学化、系统化、标准化、民主化、公开化，便于自我控制、群众监督和上级检查。

（六）动态平衡

经济组织在反复权衡内部条件和外部环境、科学预测和把握外部环境发展趋势的基础上确定的经济管理目标，既能在一定时期、一定范围内适应环境趋势，又能使经济组织的经济活动保持稳定性和连续性，使经济组织获得长期、稳定、协调的发展。通过不同层次经济管理目标的纵横衔接与平衡，能够以总体战略目标为中心，把经济组织各个部门的生产经营活动连成一个有机整体，产生一种"向心力"，使各项生产经营活动达到最佳的协调状态，以利于提高管理效率。经济管理目标有助于经济组织实现动态平衡。

第二节 经济管理目标制定

一、经济管理目标的制定原则

将经济管理目标定得过高或过低对开展经济活动都是不利的。目标定得过高，完不成，会挫伤员工的积极性；相反，目标定得过低，又会影响员工聪明才智和积极性的发挥。为了正确制定目标，必须遵循一定的原则。

（一）战略性原则

对经济组织来说，经济管理目标的实现是求得生存和发展，因此，确立经济管理目标时，一定要明确该经济组织的发展战略。美国管理学家彼得·德鲁克认为，在确立经济管理目标时，首先应搞清楚以下问题：本经济组织是个什么样的经济组织？将来准备发展成一个什么样的经济组织？经济管理目标是经济组织的发展战略取向，只有体现经济组织发展战略的经济管理目标才是有效的。

（二）关键性原则

经济组织要以合理的成本为社会提供商品和服务。为实现这一宗旨而成立的经济组织通常有很多发展目标。即使在某一特定发展时期，所强调的目标重点也不相同。经济管理目标有主次之分，经济组织必须把有关大局、决定经营成果的内容作为经济管理目标的主体，面面俱到的目标会使经济组织无所适从。因此经济组织每个时期的总体目标必须突出有关经济活动成败的重要问题；决定经济组织长期发展的全局性问题不宜过多，以利于集中力量完成关键性目标。分清目标的主次，切不可把次要目标或战术目标列为经济组织的总体目标，以免资源滥用、本末倒置、因小失大。

（三）可行性原则

制定经济管理目标是为了实现它，因而经济管理目标要具有可行性，保证能如期实现。经济管理目标的确定要建立在对内外环境进行充分分析的基础上，全面分析经济组织可以利用的一切资源条件，并通过一定程序加以确定。既要保证经济管理目标的科学性，又要保证经济管理目标的可行性。不能凭主观愿望把经济管理目标定得太高，脱离实际，也不能把经济管理目标定得过低，要对经济组织的创造性经营结果进行充分估计，不能忽视主观能动性的作用。

（四）可衡量性原则

确立经济管理目标的直接目的是编制实施计划，划分每项工作的责任与权限，明确控制的标准，它是组织职能和控制职能的基础。必须保证经济管理目标具有可测性和可比性，能够反映经济管理目标在质与量上的要求，把定性与定量结合起来，尽可能使之具体化、定量化，以便于实施和考核。一方面，通过对量化目标完成情况的监控，保证经济组织总目标的实现；另一方面，通过具体目标与总目标的衔接，使员工更容易感受到自身工作对实现经济管理目标的贡献，以利于激发员工的积极性。切忌把总体战略目标变成空洞、抽象的口号。

（五）一致性原则

在多样化的经济管理目标中，总会出现矛盾，如经济组织为了增加盈利而放弃维持生态环境目标。这些矛盾的存在要求管理者在制定经济管理目标时，应尽可能在多重目标之间进行综合平衡，以协调多重目标之间的矛盾冲突，使上层目标同下层目标协调一致。在保证分目标实现的同时，经济组织总体目标也必然实现。把长期目标和短期目标相结合，不能只顾眼前而不顾长远发展，以保持后继力量。

（六）激励性原则

富有挑战性的经济管理目标是组织成员通过努力可以实现的目标，能使每个人对目标的实现都抱有极大的希望，提高完成目标的信心和满意度，从而愿意贡献自己的全部力量，它是激励组织成员工作的驱动力。为了使经济管理目标更具有挑战性，在确立经济管理目标时，应充分考虑组织内、外环境的影响。综合考虑要实现经济管理目标所需要的条件和能力，明确规定实现目标的水平和实现目标的时间。

（七）灵活性原则

经济组织的外部环境和内部条件都是不断变化的，因此经济管理目标也不应该一成不变，应具有一定的灵活性，要根据客观条件的变化，改变不合时宜的经济管理目标，要根据新形势的要求及时调整与修正经济管理目标。比较而言，经济组织的长期目标要保持一定的稳定性，短期目标要保持一定的灵活性。

（八）协商性原则

经济组织上下级之间围绕经济管理目标的分解、层次目标的落实所进行的思想交流和意见商讨，被称为目标协商。经济管理目标协商可以使目标上下统一，消除各级管理人员及全体员工的意见分歧，加深对目标的了解和理解，调动各方面的主动性、积极性和创造性，以保证总目标和分目标的实现。

二、经济管理目标的制定过程

（一）确定经济管理目标

确定经济管理目标，实际上是一个完整的决策过程。它不是单指拍板定案的瞬间，而是指制定目标前后需要进行的大量工作，包括采取一定的步骤和应用必要的科学的预测、决策方法。一般来说，制定经济管理目标的过程可分为以下步骤：

1. 掌握情报信息

要全面收集、调查、了解、掌握经济组织系统的外部环境和内部条件的资料，作为制定经济管理目标的依据。

2. 拟订目标方案

要在对情报信息进行系统管理分析的基础上，提出目标方案。方案所规定的经济管理目标应明确表示将经济组织引向何处，达到什么目的，对国家、集体、个人将起到什么作用等。拟订的方案应有若干个，以供比较、鉴别、选择用。

3. 评估经济管理目标方案

即对拟订的经济管理目标方案进行分析论证，主要包括以下方面：

（1）限制因素分析。分析实现每一个经济管理目标方案的各项条件是否具备，包括时间、资源、技术及其他各种内外部条件。

（2）效益的综合分析。对每一个经济管理目标方案，要综合分析该方案所带来的经济效益及其对社会、对自然生态的影响。

（3）潜在问题分析。对实现每一个经济管理目标方案时可能发生的问题、困难和障碍进行预测，确定发生问题的概率，分析可能发生的问题的原因，有无预防措施或补救措施，一旦发生问题，其后果的严重程度如何。

4.选择最优方案

即在评估经济管理目标方案的基础上，从各个方案中选出较优的目标方案。在方案选择过程中，应全面权衡各方案的得失，有时应对各方案进行必要的修改补充，有时需要在综合原拟订方案的基础上设计新的方案。

（二）经济管理目标展开

将经济管理目标层层分解落实的过程，被称为经济管理目标展开，一般包括以下内容：

1.分解经济管理目标

经济管理目标分解是把经济组织的总目标分解成中间目标、具体目标、个人目标，使经济组织所有员工都乐于接受经济组织的目标，并且在完成这一目标的过程中承担自己应承担的责任。经济组织总目标按照组织管理的层次进行分解，上下级的目标之间通常是一种"目的手段"的关系：某一级的目标，需要用一定的手段来实现，这些手段就成为下一级的次目标，按级顺推下去，直到个人目标，进而形成目标链体系。

在分解经济管理目标时要注意：①经济管理目标体系的逻辑要严密，纵横成网络，体现出由上而下越来越具体的特点；②经济管理目标要突出重点，与经济组织总目标无关的其他工作不必列入各级分目标；③要鼓励员工积极参与经济管理目标分解，把"要我做"变为"我要做"。

2.制定经济管理目标对策

对策就是实现经济管理目标的具体措施，它是经济组织总目标实现的保证。由于经济组织总目标要被分解成各个分目标，因此，要在各个层次上针对分目标，制定实现该目标的具体对策或措施。制定对策的基本方法是：按照层次，通过对经济组织的诊断分析和掌握的现状，找出各部门实际情况与经济管理目标之间存在的差距，对这些差距进行归纳、整理、分类，就可以找出要实现经济管理目标所必须解决的重要问题，针对各个问题，研究、制定对策，以便有的放矢地缩短现状与经济管理目标之间的距离，保证经济管理目标的实现。

3. 协商经济管理目标

在经济管理目标展开的过程中，主管人员需要和下属充分协商，询问他们：为完成总体目标能做些什么？能完成哪些目标？何时完成？需要哪些资源？有什么困难和障碍？需要上级提供什么帮助？需要什么样的变革？等等。在仔细征求意见的基础上，主管人员指导下属拟订先进合理、协调一致的目标。

4. 明确经济管理目标责任

明确经济管理目标责任是经济管理目标展开过程中的又一个重要环节。其基本要求是：根据每个岗位的工作目标或员工的个人工作目标确定责任，使每个岗位、每个人都明确自己在实现经济管理目标过程中所应负的责任。这就是说，每个员工都要认清自身目标，明确自己应该做什么、怎么做、做到什么程度、达到什么要求，要努力使责任指标化，从而便于执行、考核和检查。

经济管理目标的展开，其实质就是为每一个目标执行者确定目标和措施，使各级目标同执行者的责任紧紧结合起来。经济管理目标展开的要求如下：①做到纵向到底、横向到边。所谓纵向到底，是指经济管理目标的分解从经济组织的最高层开始，直到个人，一贯到底；所谓横向到边，是指将经济管理目标分解到各个部门以及管理人员身上。②各个分目标与经济组织总目标应上下贯通、融合一体。③各分目标之间在时间上要达到协调、平衡，防止因时差影响实施过程。④分目标应力求简明扼要，有明确的计量标准。

（三）编制经济管理目标卡片

在实践中，经济管理目标卡片是目标管理的有效工具。经济管理目标卡片一般一式两份，正本由经济管理目标执行者保存，副本由上级保存。对上级而言，经济管理目标卡片是实施管理与指导的依据，对下级而言是自我控制的标准。一般包括的内容有：一是经济管理目标名称，按目标对经济组织总目标的重要程度排列；二是经济管理目标分解，即把重点目标细分为更具体的目标；三是行动方案，即完成目标的主要措施及时间安排；四是工作条件，即上级对有关工作环境所做出的承诺、授权等；五是经济管理目标控制，即目标完成中自我检查的安排；六是自我评价，即自己对经济管理目标执行情况的评价；七是上级评价，即上级对经济管理目标执行情况的评价。

第三节　经济管理环境概述

一、经济管理环境的含义

对经济管理环境可做不同的描述，倘若把经济组织比作生物有机体，那么，经济管理环境就是指经济组织生存和发展的土壤；倘若把经济组织比作市场中的演员，那么，经济管理环境就是指经济组织开展生产经营活动的舞台。在特定的空间范围内，对经济组织的生产经营活动有影响的各种因素的总和，就构成了经济管理的环境。

二、经济管理环境的构成

经济管理环境的构成是复杂的，其因素也是多方面的，可以从不同的角度看待经济管理环境。从经济组织的拥有性或可控性角度看，经济管理环境包括外部环境和内部环境。外部环境按其对经济组织发挥作用的直接性又可被分为间接环境和直接环境；按环境影响的因素划分，既有经济因素，又有自然资源、科技、人口、信息、文化等环境因素，还有政治、法律、社会的因素；按经济组织与社会的联系划分，可以由投资者、消费者、供应者、主管机关、政府管理部门、社会团体等方面构成。内部环境按作用的性质来划分，包括财产物资、组织、人力、知识、技术和信息等要素。

三、经济组织与经济管理环境的关系

（一）经济组织与外部环境的关系

外部环境与经济组织相辅相成。一方面，外部环境及其正常变化可为经济"组织细胞"的新陈代谢提供必需的场所和条件，但是外部环境与经济组织又是彼此制约的，外部环境的异常变化有时可能超越经济"组织细胞"的承受能力，甚至会破坏经济"组织细胞"，而无数经济"组织细胞"的"异常代谢"或"恶性增生"又可能造成环境的紊乱，这是非经济组织所能改变的，只能主动适应。另一方面，经济组织对外部环境也有反作用，可以在一定范围内影响外部环境。经济组织还可以通过某些方面的努力，如开辟新技术、新行业，改变经济组织的公众形象，开展有效的公共关系活动等来引导外部环境朝着有利于经济组织生存和发展的方向发展。

（二）经济组织与内部环境的关系

经济组织的内部环境是从事生产经营活动的基本保证条件，是为实现经济组织的目标而形成的。内部环境中，凡是能促进经济组织目标实现的都是优势，反之为劣势。优势与劣势是可以通过自身努力加以改变的，可以把劣势改变为优势，当然，优势也有可能转化为劣势。

（三）经济组织与市场环境的交换关系

在市场经济条件下，经济组织与市场环境最基本的关系就是交换关系，这种关系可以说无处不在。经营所需要的各种资源都要通过交换才能获得，不论是经济组织所需的资金、原材料、设备、劳动力，还是技术、经验、知识、信用等，都直接或间接地来自交换关系。经济组织向市场环境提供各种商品和服务，也无一不是通过交换来实现的。所以，与市场环境交换活动的过程组织得如何，以及获得的盈余的多少，直接决定着经济组织的生存与发展。

任何一个经济组织都要与环境发生多种交换关系。在众多的交换关系中，都离不开交换主体，这里的交换主体主要是指与经济组织发生交换关系的对象。由于交换关系是多种多样的，因而交换主体也是多元的。在确定交换对象时，管理者必须进行市场调查，通过市场细分确定目标市场，找准为之服务的对象，明确经营目标，树立正确的经营思想。还要特别考虑相关者，即竞争对手，也就是与经济组织在同一行业、经营同种业务的经营者。竞争对手不与经济组织发生直接的交换关系，但对经济组织管理的影响至关重要，是经济组织环境管理必须重视的相关者。

第四节 经济管理环境分析

经济管理环境分析包括经济管理外部环境分析和经济管理内部环境分析。

一、经济管理外部环境分析的内容

经济组织是现代社会经济的基本单位,它是一个开放性的系统,同时又是更大的社会系统中的一个子系统,与系统中的其他子系统相互联系、相互影响、相互制约,社会的政治、经济、法律、文化、信息、科技等各个方面都将对其开展的经济活动发生直接或间接的影响,由此就构成了经济组织的外部环境。分析研究经济组织的外部环境,可以使我们认识和把握经济组织所处环境中的有利因素和不利因素,以及经济组织未来的发展趋势,从而提高经济组织的应变能力,为经济组织制定组织的战略决策提供较为可靠的客观依据。经济管理外部环境分析一般包括经济管理间接环境分析和经济管理直接环境分析。

(一)经济管理间接环境分析的内容

所谓经济管理间接环境,就是指能够影响所有经济组织的宏观环境,它对经济组织的影响一般都比较间接,需要通过经济管理直接环境因素反映出来。对经济管理间接环境进行分析,包括对其所有的影响因素进行分析。

1. 政治法律因素

在任何社会制度下,经济组织的生产经营活动都必定要受到政治与法律环境的规范和制约。这种政治与法律环境(也可简称为政治环境),由影响和制约各种组织和个人行为的法律、政府机构、公众团体组成。经济组织时时刻刻都能感受到这些方面的影响，或者说经济组织总是在一定的政治与法律环境下运行的。政治与法律环境的好坏影响宏观经济形势，对经济组织既可以形成强有力的保证促进作用，也可以产生巨大的负面冲击作用，从而影响经济组织的生产经营活动。对一个经济组织来说，应不断加强对政治法律环境的预测能力和适应能力。对政治法律因素的分析主要包括对社会制度，政治体制，国内外政治形势，国家的方针政策、法律法规的出台与实施等因素的分析。

2．宏观经济因素

一个繁荣的经济背景显然对经济组织的经营是有利的。而萧条、衰退的经济背景会对经济组织的经营造成不利影响。宏观经济的状况和趋势常常是经济组织制定经营战略决策的重要依据，它包括国际国内的经济形势、经济发展阶段、经济结构、地区与行业的发展状况、未来的发展趋势等。

3．社会文化因素

社会文化是人类在创造物质财富过程中所积累的精神财富的总和，在这里，则主要是指那些在一定物质文明的基础上，在一个社会、一个群体的不同成员中一再重复的情感模式、思维模式和行为模式。在经济组织所面临的诸方面环境中，社会文化环境是较为特殊的，它不像其他环境因素那样显而易见与容易理解，却又无时无刻不在深刻影响着经济组织的经营活动，那种无视社会文化环境的经营活动必然会陷于被动或归于失败。在分析社会文化环境时，要特别注意分析人口结构、道德规范、价值观念、民族传统、宗教信仰等社会文化因素。

4．信息资源因素

经济管理信息是反映经济组织的活动情况、经过加工处理对经济管理活动产生影响的一系列资料和数据。它是经济组织开展经济管理的基础资源和开展经营决策的依据。经济管理信息经过人们加工、开发和利用可以表现出巨大的价值，特别是计算机技术的发展使经济管理信息的作用在现代管理中得以充分发挥。经济管理信息资源分析主要包括对信息质量、数量的分析，也包括对获取信息渠道和方便性的分析。

5．科学技术因素

科学技术是人类在长期实践活动中所积累的经验知识和技能的总和，是最活跃、最主要的生产力。要注重分析科学技术水平及发展趋势、科学技术创新动向，以及新技术、新材料、新产品、新工艺的突破情况等。

6．自然环境因素

自然环境也处于发展变化之中，当前最重要的问题是自然原料日益短缺、能源成本趋于提高、环境污染日益严重、政府对自然资源管理的干预不断加强。所有这些，都会直接或间接地给经济组织带来威胁或机会。因此，要注重分析自然资源种类、数量和可用性，以及地形、气候等因素。

（二）经济管理直接环境分析的内容

所谓经济管理直接环境因素，就是指能直接影响经济组织开展的经济活动，以及与市场直接相关的一些环境因素。上述各种经济管理间接环境因素，常常是通过经济管理直接环境因素对经济组织发生作用和影响的。要对经济管理直接环境进行分析，就要对其有直接影响的因素进行分析，一般包括以下几个方面：

1．需求因素

需求因素主要是指市场对经济组织所提供的产品或服务的需求状况。其中，用户的基本情况、购买能力、需求容量等是最主要的直接因素，要特别重视对它们的分析。

2．竞争因素

竞争因素主要是指竞争对手在产品生产经营方面的竞争状况。对竞争因素的分析，包括对竞争对手状况（竞争厂家数、生产总规模、竞争能力等）、竞争态势（竞争激烈程度、市场占有与分割情况、主要竞争策略和竞争领域）、潜在竞争因素等的分析。

3．分销因素

分销因素是指营销渠道网络状况以及中间商销售规模和能力大小等。分销因素是关系经济组织能否将其提供的产品或服务向市场顺利输出以实现再生产过程的重要影响因素，需要加强对分销因素的分析研究。

4．政策因素

政策因素是指能直接对经济组织开展的经济活动产生影响的有关政策。对政策因素的分析，主要注重分析研究各级政府、行业主管机关、群众团体、金融机构等提出的有关政策、法令、法规、指示和各种要求等。

5．资源因素

资源因素是向经济组织投入的资源性因素。对资源因素的分析，主要包括对生产设备、原材料、外协元器材、零部件、能源等物资以及资金、劳动力等的供应、来源及其开发情况的分析。

二、经济管理内部环境分析的内容

所谓经济管理内部环境，就是指在经济组织内存在并为实现生产经营目标提供基本保证的、除了社会环境因素之外的各种因素。经济管理内部环境分析通常包括经济组织一般情况分析，经济组织经营实力分析，以及经济组织内部各要素的状况、结构及原因分析三个方面。

（一）经济组织一般情况分析

根据经济组织制定的经营战略和经营计划的要求，经济组织一般情况分析包括以下内容：

1. 领导者素质和员工素质分析；
2. 发展情况分析；
3. 经济管理素质分析；
4. 技术素质分析；
5. 生产条件分析；
6. 营销情况分析；
7. 财务、成本和经济效益分析；
8. 资源供应分析；
9. 组织结构分析。

（二）经济组织经营实力分析

经济组织是否存在优势，集中反映在经济组织的经济实力上，这方面的分析包括以下内容：

1. 产品竞争能力分析；
2. 技术开发能力分析；
3. 生产能力分析；
4. 市场营销能力分析；
5. 产品获利能力分析。

（三）经济组织内部各要素的状况、结构及原因分析

1. 现状分析

现状分析是指针对经济组织内部环境不同要素的现实情况开展调查分

析，并了解其数量水平和质量状态。这项分析的特点是：单一性，即分列各种要素，逐一进行分析；表象性，即着重考察各项条件外显的种种特征。现状分析工作是由表及里深入分析的基础，这在大多数情况下是非常必要的。

2. 结构分析

结构分析是指对构成经济组织内部环境诸要素之间的相互关系，包括数量比例、空间位置、质量要求等的合理性进行调查研究。根据系统学说关于"结构重于要素"的基本原理，经济组织能力大小，固然取决于经济组织各构成要素生产力的强弱，但更取决于要素间的结构状况。若结构不合理，强要素可能相互抵减，造成资源的严重浪费（人力虚耗、物力闲置等）；若结构合理，强弱要素匹配互补，可以产生强大的协作力。

3. 原因分析

原因分析是针对现状分析或结构分析中所发现的问题，研究问题产生的原因。原因分析在经济组织内部环境分析中至关重要，因为只有准确地查明问题的原因，才能使经济组织决策者采取根本性的解决措施。在分析原因的过程中，应注重对潜在问题和潜在原因的分析，以增强经营决策的预见性。

第三章　经济管理战略

第一节　经济管理战略的意义与内容

由于各个国家的条件和所处的客观环境不同，管理经济不会只有一种思路、一种方法。具体地说，本国的资源总是有限的，怎样有效地组织和利用资源，乃至利用全球化配置的境外资源来实现本国的社会经济增长并实现一定的目标？在这一过程中，形成怎样的经济结构？如何在新的水平上保持农业与工业的平衡，并使产业结构不断合理化？在对外经济关系中如何自我保护？如何处理地区间的发展关系？这些问题最终都归结为一个问题，即在一定时期内，人民的生活可以提高到什么程度。要在各种解决方案中做出最优选择，就要求确认一个总的指导方针和统一目标，由此提出了经济管理战略问题。

经济管理战略具有长期性、稳定性、全局性、概括性的特点。它是对国家在一定时期内经济发展目标、方向、道路从总体上做出的最基本的概括性描述。它突出了经济发展思路中最具有关键意义的谋划和中心要求，而不是若干主要政策的简单汇集。它是立足全局、确保手段与目的一致的科学判断，而不限于从局部或目前利益出发的主观要求和具体措施。

一、经济管理战略在宏观经济管理中的重大意义

（一）经济管理战略是国家最高政治决策的重要内容

经济管理战略的形成必须着眼于国家的政治、经济和文化使命。它是团结人民自觉地实现本国的历史任务，提高本国的综合竞争力，以在国际上争取主动和占据优势，增强本国竞争力的重大决策。它既是国家的最高政治决策，又是经济管理贯彻执行国家最高政治决策的政策工具。

（二）经济管理战略为经济管理的全过程设定了基本框架和依据

我国的实践表明，正确的管理战略是经济发展规划管理的基础。各项政策的制定，计划的编制和执行，经济运行中的导向和约束、鼓励和监督等，都是为了实现战略目标，都是在国家经济管理战略的指引和约束下进行的。宏观经济管理的成效，也要以是否符合经济管理战略的要求为分析评价的基本准则。

（三）经济管理战略确定的经济发展基本对策，决定着经济发展中资源配置的倾向和效率

经济管理战略是在全面分析国内外环境的基础上提出来的。对如何发挥本国优势，利用经济全球化来弥补自己的劣势，为本国经济创造更加广阔的发展空间，组织和利用本国和外国的资源，把人民的当前利益和长远利益结合起来，并取得优化的经济效益等关键性问题，只有从战略的角度出发，才能得到科学的论证和正确的解决方法。

（四）经济管理战略是实现经济发展的基本保证

经济发展的成就与进步、挫折与失误，是管理战略实施的结果，最终要从管理战略上找原因。战略性的错误影响深远，比纠正一般政策错误要

难得多。建立在科学依据上的战略是经济发展取得成功并长期受益的根本保证。当然，战略的科学性是有条件的。成功的管理战略也不能一劳永逸。在新的形势下，要寻求新的管理战略，就要加强对管理战略的研究，加强对管理战略实施过程的追踪研究，加强对战略实施的检查，及时进行战略修订和调整，以保证经济管理的战略指导地位。

二、经济管理战略的构成要素

经济管理战略的基本内容由若干要素构成。战略思想、战略目标、战略重点、战略布局、战略步骤、战略对策是经济管理战略必不可少的组成部分，被称为经济管理战略的六大要素。

（一）战略思想

战略思想是制定经济管理战略的理论依据和指导原则。它指导和决定了战略目标的选择、战略重点的确定和战略对策的实施。战略思想的正确与否，直接关系整个经济社会管理战略是否切实可行。我国在发展中国特色社会主义经济的过程中，坚持以科学原理同中国的具体国情相结合，以客观经济规律作为战略指导思想，来确定我国的经济社会管理战略目标，选择实现既定战略目标的相应发展模式和途径，以及采取相应的战略步骤和战略对策。

（二）战略目标

战略目标是指经济管理战略中所制定的经济社会发展在一定时期内所要达到的预期要求和结果，它是整个经济社会管理战略的重要组成部分。战略目标是经济社会发展的总体目标和长远目标。国家各项长期经济社会发展计划的制定都是以战略目标为依据的。国家各项长期经济社会发展计划就是经济社会管理战略目标的具体化。战略目标既是战略提出的出发点，又是战略实施的最终成果。目标是战略的灵魂，没有明确的目标，战略的其他内容就没有任何意义。

经济管理战略目标一般包含三方面的要求：①经济增长目标，这往往是一个总量指标，如经济规模、增长速度等；②提高人民生活水平和其他社会经济质量目标，如人均收入或消费、社会发展目标等；③综合国力目标，如投入产出规模、进出口总额、产业结构、经济效益等，以及针对本国必须解决的特殊重大问题而设定的特定目标。

在管理战略的表述中，必须突出反映目标的确定性要求，才能使战略具有鲜明性、动员性和坚定性。

（三）战略重点

经济管理战略重点是指在一定时期内，对整个经济社会管理战略目标的实现具有重大意义的关键环节。战略重点是经济发展过程中的关键环节，合理地集中调配有限的资源和力量，促进关键环节的突破和发展，以带动整个经济社会的全面突破和发展。我国在经济社会管理战略中，一贯比较注重强调战略重点的制定和突破。在国家各类重点建设和发展项目的成功推动下，促进了整个国民经济和社会的全面发展。可能成为战略重点的部门和领域有：①实现管理战略目标过程中的关键部门（如教育、科学技术等）；②在国民经济中重要的环节（如我国的农业、基础设施等）；③国民经济中的潜在优势部门（如水力利用等）；④具有扩散效应的部门（如某些原材料工业等）。强化这些重点，可以带动全局，实现预期的目标。

（四）战略布局

战略布局是资源配置的空间部署。一个国家的经济发展在区域间往往是不平衡的，不仅自然资源条件的禀赋有地区差别，而且经济开发有先后、现有经济水平有高低。一般地说，按照市场经济原则，资源配置倾向于已经开发的地区，因为这样有利于取得较好的经济效益。

（五）战略步骤

经济管理战略是一个长期的发展决策和计划。它的战略目标需要经过一个相当长的时期才能逐步实现。因此，整个经济管理战略目标就必须按步骤、分阶段地来落实，将长期的战略目标分解为阶段性战略目标来落实。战略步骤是实现目标顺序、过程的时间界定。一般来说，战略步骤分为三个阶段，即准备期、发展期和完善期，应明确规定每一阶段的阶段性目标和任务，使前一阶段为后一阶段打基础，而后一阶段又为新的战略步骤创造条件。

（六）战略对策

为了保证经济管理战略目标的实现，必须在制定战略目标的同时制定相应的战略对策，以具体落实和执行战略目标中规定的各项任务。战略对策包括与实现战略目标相配套的各种政策、法规，以及方式、方法等。战略对策运用是否得当，会对整个社会管理战略的实施产生很大的影响。正确、恰当、灵活的战略对策，对战略目标的实现将起到巨大的推动和促进作用。战略对策是针对实现战略目标过程中的矛盾所采取的基本政策和基本措施。

第二节 经济管理战略的确定

一、确定经济管理战略的依据和原则

提出经济管理战略的设想，做出经济管理战略的决策，从根本上要对管理战略进行研究，掌握足够的决策依据。

（一）对本国社会经济发展现状的认识与判断

一个国家现有的生产力水平和社会发展阶段是进一步发展的出发点。因此，对本国现在所具有的经济社会发展水平和处于何种发展阶段，必须有科学的认识和清醒的判断。过低或过高的估量，都将影响战略目标的确定和战略对策的选择。

（二）对国家经济资源的分析和评价

在和平与发展仍是世界主流的环境中，一国的经济发展主要建立在本国拥有可利用的全球资源的基础上。经济管理的战略目标，必须与可利用的全球资源条件取得平衡才能确定。要对本国在战略实施期间拥有的经济资源有广泛、深入的了解，并做出客观的分析和评价，使战略目标和战略对策的内容具有充分可靠的科学依据。资源分析就是对经济发展客观条件的分析。

经济资源条件可以分为四类：

社会资源。包括人口的规模、结构，劳动者的文化素质，历史传统，社会环境，国际关系等。

经济资源。包括基础结构，产业结构，生产能力，经济规模、效益、体制，资金等资源和对外经济联系等。

技术资源。包括科学技术研究组织、体系，人员规模、结构，工艺水平，科技普及，高新技术等。

自然资源。包括国土、气候、水、海岸、矿藏、生物、能源等。

（三）对国际环境变动趋势的掌握

国际环境的动向要求一国的经济管理战略必须立足于全球战略的高度。我们必须寻求更为广阔的发展空间，争取在更高层次上求得国家的繁荣和发展。这就要在全球范围内了解、掌握并综合考虑国家面临的机遇和风险，诸如技术进步、资源利用、市场份额等的发展趋势，我们必须从全球战略的高度出发，提出本国的管理战略和对原有的管理战略进行调整。

二、经济管理战略的转换和调整

制定新的管理战略，替换原有的管理战略，这就是管理战略的转换。管理战略的目标和基本内容不变，但对战略的某些内容、步骤、布局、对策做一定的补充、修正或增订，这就是战略调整。

经济管理战略的转换和调整，往往是在下列情况下提出来的：原有的战略环境（国内的、国际的）发生了重大变化；管理战略规定的某些主要任务已经提前实现，或无法继续下去；出现了新的社会、经济、技术和自然资源条件；战略实施过程中存在某些缺陷；战略决策层认识上的深化等。经济管理战略的转换和调整对国民经济具有广泛的影响，并带来明显的正面或负面效果，必须慎重决策，可行则行。因此，经济管理者必须做到以下五点：

1. 具有把握时机进行战略转换和战略调整的高度自觉性。把握战略环境的变化，及时主动地提出战略转移或调整，从新的战略高度拟定新的管理对策，应成为经济管理者的基本素质。

2. 重视战略的稳定性和严肃性。管理战略对经济运行具有决定性的影响。对于必要的一般性调整，在战略实施中进行具体对策的转换即可。但战略目标的变动是关系全局的大事，必须慎重考虑、反复论证，绝对不可粗心大意或意气用事。

3. 在制定新的管理战略的同时，有必要同时制定备用方案。这是因为在制定管理战略时，会有主观上的局限性和客观上存在的不确定因素，为此需要留有余地，要做好两手准备。

65

4. 注意新的管理战略与原有管理战略之间的衔接和平稳过渡。对涉及体制、结构的重大调整，以及不同社会集团之间利益格局的重大变动，采取渐进方式逐步地实现目标是有利的。

5. 对转换战略或调整战略可能引起的社会心理、观念上的不平衡，要有足够的预计和相应的对策。

第三节　经济管理战略的类型

按照某一战略要素的不同特征，可以将经济管理战略划分为若干不同类型或模式。对战略模式的分类有利于我们在制定战略或调整战略时，根据已有的条件做出选择，或可以为实行某种类型的战略而积极地创造必要条件。我们还可以借鉴前人的经验、教训，打开新的思路。简而言之，分类是为了选择，进而在选择中创新。

一、按战略目标的指导方针划分

（一）自足型战略

自足型战略又被称为自我保护型战略、封闭型战略。这是在经济发展水平较低，或在特定的战略环境下采用的战略。其总特点是自给自足、自我完善、稳定增长。在当前的国际条件下，将自足型战略作为总体战略已不适用，但对某些部门有时可能适用。

（二）模仿型战略

模仿型战略即完全或基本照抄照搬发达国家管理模式的战略。一些发展中国家采用过这种战略，绝大多数是失败的。

（三）赶超型战略

赶超型战略是以发展水平高的国家为目标，争取用较短时间达到与之相同的水平，实现目标的方法、手段并不一定是模仿别国的一种管理战略。但采取这种战略的国家有的成功了，有的失败了。

（四）竞争型战略

竞争型战略是以进取精神争取确立本国优势地位的管理战略。战略目标的确定具有强烈的针对性，有潜在的"取代""排他"意识。

（五）协作型战略

协作型战略是利用在国际经济关系中的某些条件，发挥本国优势与他国相互补充、取长补短的管理战略。

二、按目标和对策结合的特点划分

（一）传统的战略

一些国家以实现工业化为目标，仿照发达国家的管理战略。但在新的国际经济环境下，这些国家的经济虽有所增长，但难以实现结构协调，从而导致债务严重，农业落后，并引起贫富两极分化。

（二）变通的战略

这种管理战略强调平衡发展、结构协调、独立自主、发展外贸。其不仅重视经济增长，也注重收入分配的合理性和人民的物质生活与非物质生活需求。

（三）满足基本需要的战略

满足基本需要的战略又称新管理战略，其强调从本国实际出发，以满足人民基本需要为目标，包括经济增长、提高就业率、控制人口、提高平均寿命、提高教育普及率等。

这三种战略类型是根据第二次世界大战后各国家的经验教训概括得来的，对发展中国家制定经济管理战略仍有借鉴和指导的意义。

三、按目标结构的特点划分

（一）一元目标战略

这种管理战略的目标单一，要求明确，如经济总量的规模、主要产品产量、人均收入水平等。常见的"速度型"增长模式就属于这一类型。一元目标战略可以作为一个较短时期的战略，不能作为长期的管理战略，因为一元目标战略往往忽视结构的合理性和经济效益的提高，虽然抓住了重点，但不能统筹兼顾，最终使国民经济逐步陷入恶性循环。

（二）多元目标战略

这种战略的目标是由几个突出并相互关联的指标和规定组成的，如提高经济增长率、就业率，保持物价稳定等。产业结构多元目标、进出口贸易对象的多元目标等也属于多元目标战略类型。多元目标之间既有联系，又有矛盾，因此，目标的确定和实现难度必然较大，对经济管理质量的要求更高。

（三）综合目标战略

这种战略的特点是通过合理的综合目标反映对经济发展的多元目标要

求。综合目标不是多个目标的简单相加，而是多目标要求与实现条件的集中整合，因此综合目标的实现，必然推动经济、社会各方面的全面发展。

四、按战略步骤和布局的特点划分

（一）平衡发展战略

关于平衡发展战略存在两种意见，一种意见主张采取各部门齐头并进、平衡发展，建立各产业间相互补充、比例合适的系统，同时建立合适的基础设施。这样可以形成互相提供需要的国内市场，具有投资的吸引力。另一种意见认为各部门应同时发展，但不一定按同一速度发展，亦可以满足上述要求，这也被称为平衡发展战略。

（二）不平衡发展战略

主张集中力量首先发展某些部门，以带动其他部门发展的管理战略。因为过去的发展是不平衡的，为达到新的基础上的平衡，必然要通过不平衡的发展，由少数部门的发展带动其他部门发展。在资金有限的情况下，有重点地利用有限的资金才能有较好的经济效益。

（三）梯度发展战略

梯度发展战略是指在一定时期内优先发展某一地区，利用这一地区的有利条件"先走一步"，通过经济辐射或传递带动落后地区的发展。

根据战略对象及实施范围的不同，还可划分为国家总体战略和子战略。在国家总体战略的指导下，又分为区域经济发展战略、科技进步及转化为直接生产力的战略、资源利用战略、产业结构转换和合理化战略、国际经济贸易发展战略、社会与经济协调发展战略等，最终形成一个以总体战略为龙头的经济管理战略体系。

第四章　数字经济的发展

在全球信息化进入全面渗透、跨界融合、加速创新、引领发展新阶段的大背景下，各国数字经济得到长远发展，正在成为创新经济增长方式的强大动能，并不断为全球经济复苏和社会进步注入新的活力。

第一节　数字经济的内涵与特征

一、数字经济的定义与内涵

（一）数字经济的定义

1997年，美国提出"新经济"的概念，其包含知识经济、创新经济、数字经济、网络经济；数字经济是新经济观察的一个角度，是信息经济的一部分。信息经济被分为三个层次：第一，信息经济是一种经济形态，它与农业经济、工业经济同级；第二，信息经济属于传统产业，包括第一产业、第二产业、第三产业；第三，从经济活动方面来说，信息经济是指信息生产和服务、信息通信技术的研发，以及信息传输等经济活动。数字经济是信息经济第二和第三层次的子集，它是基于数字技术的内容产业、通信产业、软件产业以及信息设备制造业的产业集群，从生产端看，也包括这些产业的产品与服务。

信息技术对整个社会产生的影响随着科技发展的脚步逐步加深，而人们对信息技术融入经济与社会这一过程的定义，在不同的发展阶段产生了各种各样的理解。因此，概念混用的情况也时有发生。除了早期的"信息经济"和近年的"数字经济"外，还存在网络经济、知识经济等概念。这些概念因其产生于数字经济发展的不同阶段，分别反映出不同时期人们对信息技术引起的社会变革的不同角度的理解。虽然这些概念在定义和具体内涵上有细微的差别，但总的来说，它们都是在描述信息技术对人类社会经济活动产生的影响与革新。

1. 知识经济

第二次世界大战后，由于科技进步，全球知识生产、流通速度不断提高，分配范围不断扩大，社会经济面貌焕然一新。在此背景下，相当多的学者开始关注知识与经济社会之间的联系，进而知识经济的概念逐渐形成。1996年经济合作与发展组织（OECD）在年度报告《以知识为基础的经济》中认为，知识经济是以知识为基础的经济，直接依赖知识和信息的生产、传播与应用。从生产要素的角度看，知识要素对经济增长的贡献高于土地、劳动力、资本等，因而"知识经济"是一种以知识为基础要素和增长驱动器的经济模式。

2. 信息经济

"信息经济"的概念可以追溯到20世纪六七十年代美国经济学家马克卢普和波拉特对知识产生的相关研究。1962年马克卢普（Friz Machlup）在《美国知识的生产和分配》中建立了一套关于信息产业的核算体系，奠定了研究"信息经济"概念的基础。1977年，波拉特在其博士论文中提出的按照农业、工业、服务业、信息业分类的四次产业划分方法，得到广泛认可。20世纪80年代，美国经济学家保尔·霍肯（Paul Hawken）在《未来的经济》中明确提出信息经济的概念，并描述信息经济是一种以新技术、新知识和新技能贯穿整个社会活动的新型经济形式，其根本特征是经济运行过程中，信息成分大于物质成分并占主导地位，以及信息要素对经济的贡献。

3. 网络经济

"网络经济"概念的提出同 20 世纪 90 年代全球范围内互联网的兴起有着密切的联系。网络经济又被称为互联网经济，是指基于互联网进行资源的生产、分配、交换和消费为主的新形式经济活动。在网络经济的形成与发展过程中，互联网的广泛应用及电子商务的蓬勃兴起发挥了举足轻重的作用。与知识经济、信息经济和数字经济相比，网络经济这一术语的区别在于它突出了互联网，并将基于国际互联网进行的电子商务看作网络经济的核心内容。

4. 数字经济

知识经济强调知识作为要素在经济发展中的作用；信息经济强调信息技术相关产业对经济增长的影响；网络经济强调以互联网为主的经济资源的分配、生产、交换和消费等经济活动；数字经济则突出表现在整个经济领域的数字化。知识经济、信息（产业）经济、网络（互联网）经济这些概念在同一个时代提出并不是相互矛盾或重复的，而是从不同方面描述当前正处于变化中的世界。"知识经济信息（产业）经济网络（互联网）经济数字经济"之间的关系是"基础内容催化中介结果形式"。知识的不断积累是当今世界变化的基础，信息产业、网络经济的蓬勃发展是当代社会发生根本变化的催化剂，数字经济是发展的必然结果和表现形式。因而这几个概念相辅相成，一脉相传。

（二）数字经济的内涵演进

1. 初级阶段

在数字化早期，各国对数字经济的定义着重于宏观经济下的信息技术产业和电子商务。美国统计局在 1999 年 10 月发表的 Measuring Electronic Business Definitions, Underlying Concepts and Measurement Plans 中，建议将数字经济的内涵分为四大部分，即（电子化企业的）基础建设、电子化企业、电子商务以及计算机网络。但近年来随着数字化的不断推进，美国对数字经济内涵的界定延伸到了三个方面：虚拟货币，如比特币等；数字商品和服务的提供，包括数字广告、在线产品如音乐等；互联网对商业交易的提升，包括顾客匹配、分享经济等。英国政府在 2010 年颁布的《数字经济法 2010》中，将音乐、游戏、电视广播、移动通信、电子出版物等列入数字经济的范畴，主要聚焦于保护文化产业的数字版权。而在《数字经济法 2017》中，英国政府深化了数字服务方面的管理，包括注重推动数字服务的发展、规范数字文化产业中的犯罪行为、强调知识产权，以及构建数字化政府。由此可见，数字经济的定义与重点逐渐转移至应用与服务方面。

2. 发展阶段

数字经济正处于蓬勃发展的阶段，不断进步的数字科技以及不断加深的数字化融合程度使数字经济的内涵和范畴都在持续的更新和泛化，互联网、云计算、大数据、物联网、金融科技与其他新的数字技术应用于信息的采集、存储、分析和共享过程中，改变了社会互动方式。数字化网络化、智能化的信息通信技术使现代经济活动更加灵活、敏捷、智慧。关于数字经济，目前最具代表性的定义来自 2016 年 G20 杭州峰会发布的《二十国集团数字经济发展合作倡议》。该倡议将数字经济定义为：以使用数字化的知识和信息作为关键生产要素、以现代信息网络作为重要载体、以信息通信技术的有效使用作为效率提升和经济结构优化的重要推动力的一系列经济活动。

二、数字经济的特征

（一）互联互通范围广泛

随着互联网、移动互联网以及物联网的快速发展并不断渗透到社会各个领域，越来越多的不同资源（人、财、物等及其他无形资源）被纳入信息网络之中。物资流、资金流、信息流、商流、人流等在社会经济运行的各个领域层面形成网状结构，相互之间互联互通的依存度增强，传统单向、封闭的经济状态和社会结构向跨界、融合、开放、共享的互联互通状态发展，推动着智能制造、智慧服务、智慧生活、智慧城市、智慧社区等智能化生产生活方式的加速到来。特别是随着5G、人工智能（AI）、区块链等技术和设施的进一步发展和普及，社会经济运行的互联互通局面和运行水平将有进一步的提升，真正实现"万物互联"指日可待。

（二）人工智能的普及和应用广泛而普遍

人工智能对当今社会以及未来的影响，不亚于20世纪70年代的计算机、20世纪90年代的互联网。人工智能正引发链式突破，推动生产和消费从工业化向自动化、智能化、智慧化转变，生产效率再次实现质的飞跃，推动工业经济社会的重新洗牌。网络、信息、数据、知识开始成为经济发展的主要要素，深刻改变了传统经济结构中的生产要素结构。与传统经济相比，知识、数据等价值创造持续增加，经济形态呈现新的智能、知识型特征。当前，零售、金融、交通、工业、医疗、无人驾驶等成为人工智能的主要应用领域。如，在金融领域，人工智能已应用于财务机器人、智能投顾、智能客服、安防监控等。交通领域，人工智能正成为优化交通和改善出行的重要技术。医疗领域，人工智能已应用于网络智能接诊、病例筛查、检验诊断、智能医疗设备、智慧养老等。工业制造领域，智能机器人、智能制造、装配和仓储系统的应用日趋广泛,如德国提出的"工业4.0"战略,要求全面布局人工智能。

(三)数据作为新的生产要素,是基础性资源和战略性资,也是重要的生产力

从经济的全球化特征来看,经历以网际贸易驱动为特征的"1.0版本",再到以国际金融驱动为特征的"2.0版本",全球化正步入以数据要素为主要驱动力的"3.0版本",数据作为新生产要素的重要作用日益凸显,数据的开放、共享和应用能够优化传统要素的配置效率和效果,提高资源、资本、人才等全要素的配置和利用水平。随着国际社会逐渐把数字经济作为开辟经济增长的新源泉,人类财富的形态随之发生了改变。虚拟货币(如比特币、数字货币等)、虚拟物品登上历史舞台,虚拟财富与货币兑换的路径被打通,财富数量开始与占据或支配信息、知识和智力的数量和能力相关联。根据中国信息化百人会数字经济报告,全球数字经济正在以超预期的增长速度加快发展,呈现出不断扩张的态势。

第二节 数字经济的发展演变趋势

一、数字经济的发端

这一阶段主要是1946—1960年,是信息网络为主的数字化阶段。

世界上第一台通用电子计算机于1946年在美国宾夕法尼亚大学诞生,从此,人类开始步入信息时代,标志着数字化的起步。这时期主要的商业模式是芯片等硬件的生产和制造、操作系统及其他软件的开发,代表公司有微软、英特尔、IBM等。在数字经济起步阶段，语言、文字、音视频等诸多信息内容都被转化为电子计算机能够识别、存储、加工及传输的二进制代码。

随后，从少量科研人员专用的电子技术逐步衍生出全球32亿人使用的计算技术、通信技术、网络技术，从个人计算机发展到超级计算机、网络计算机、量子计算机，从科学计算应用逐步延伸至企业管理、生活娱乐、消费购物的方方面面。此时，人类生产、生活等经济行为的相关信息内容绝大部分都可被数字化记录，但仍然有部分信息内容不能以数字化的方式被收集、存储、加工与分析，游离在数字经济体系之外。

二、信息经济概念的提出与扩展

随着20世纪40年代第二代晶体管电子计算机和集成电路的发明，微电子领域取得了重大技术突破。随着相关技术的推广、普及与大量应用，人类对知识和信息的加工、运用与处理能力也得到大幅度提升，数字技术对人们经济行为与社会生活方式的影响也逐步显现出来，与数字经济相关的研究成果不断涌现，数字经济也日渐成为美国经济发展的新动力。

在二十世纪五六十年代的数字技术创新的大背景下，向市场提供信息产品或服务的企业成为重要的经济部门，1962年马克卢普提出"信息经济"的概念。到二十世纪七八十年代，随着大规模集成电路和微型处理器的发明及相关技术向其他部门的加速扩散与广泛渗透，信息经济的内涵与外延也得以不断丰富和扩展。1977年，马克·波拉特认为信息经济除了包括马克卢普所说的信息产业"第一信息部门"外，还应包括融合信息产品、服务与技术的其他产业即"第二信息部门"，数字技术向其他各领域的渗透、融合、改造与创新，对整个经济社会产生的影响日益深化（孙惠，2017）。

三、数字经济概念的提出到运用

随着互联网等数字技术在 20 世纪 90 年代的日趋成熟与广泛应用,传统部门信息化、数字化步伐加快的同时,新业态、新模式不断涌现,如电子商务成为最典型的应用,富含信息与知识的数据成为新的生产要素。在数字经济快速发展与广泛应用的背景下,20 世纪 90 年代尼葛洛庞帝在《数字化生存》一书中提出数字化概念,1995 年数字经济概念在泰普斯科特《数字经济:网络智能时代的希望和危险》一书中被正式提出,1998 年、1999 年、2000 年名为《浮现中的数字经济》(Ⅰ,Ⅱ)和《数字经济》的研究报告在美国商务部先后出版,随着数字经济概念从提出、传播到被广泛接受,数字技术经济范式也向更广泛、更深入、更高级的方向发展,这也将无疑会对整个经济社会面貌产生更为深刻的影响(中国信息通信研究院,2017)。从相关理论的分析和统计实践看,20 世纪 90 年代美国经济出现的 118 个月连续增长且呈高经济增长率、低失业率与低通货膨胀率的"一高两低"的良好发展势头,大部分是在美国信息战略信息高速公路计划指引下,以 IT 为核心的数字经济驱动的新经济发展带来的红利。进入 21 世纪,随着移动互联、物联网等数字技术的快速发展,全球范围的万物互联生成的海量数据,已是之前分散的终端处理能力所不能及的,数字经济特征也发生了新的变化,貌似波拉特提出的"第一与第二信息部门"的概念已难以描绘数字经济发展模式的新变化。

四、数字经济 1.0—2.0

(一)数字经济 1.0

这一阶段主要指 2000—2015 年,数据驱动的数据化阶段。

进入21世纪，随着大数据、云计算、物联网、人工智能、3D打印等数字技术的不断换代创新，那些富含知识与信息的数据资源成为经济社会发展的关键核心资源，标志着整个经济社会进入数据驱动的1.0时代。随着数字化概念与数字技术的广泛传播，主要国际组织与各国政府希望以数字经济为抓手促进产业创新、拉动经济增长，也开始将政策重心转向数字经济，纷纷加大对数字经济的研究力度。

2000年，美国商务部发布的《新兴的数字经济》等报告提出，数字经济是20世纪90年代中后期美国经济繁荣增长的重要因素，并第一次从政府官方角度提出数字经济时代已经来临，开始通过设计数字经济的相关测量指标，大量收集相关数据，并将数字经济纳入官方统计范畴。从此，数字经济概念与数字技术开始被广泛使用，发展数字经济的理念日趋流行与成熟，世界各主要国家政府也纷纷把发展数字经济提上议事日程，以求通过发展数字经济来促进经济的增长与社会的转型。

其实在美国数字经济发展的带动与影响下，国际组织、国际研究机构与世界各国也纷纷出台和数字经济相关的更详细的战略与政策框架，就如同美国1994年推出的"信息高速公路计划"影响世界各国的信息化战略制定与信息化进程一样，其发布的数字经济报告，对发展数字经济的相关论述和政策实践也在深刻影响着各国数字经济战略的制定与数字经济的发展进程。如，近年来世界经济论坛连续发布多份《全球信息技术报告》，并在2002年首次发布的《全球信息技术报告》中提到数字经济，后面多年的研究报告基本都是对数字经济发展的阐述。OECD连续多年发布和数字经济相关的研究报告与工作论文，并在多项研究的标题中直接使用数字经济一词。特别是在2008年国际金融危机后，为推动全球经济缓慢复苏，世界贸易组织（World Trade Organization，WTO）、联合国贸易和发展会议、亚太经合组织（Asia Pacific Economic Coopcration，APEC）、国际货币基金组织等国际组织与世界各国便开始纷纷制定数字经济发展战略，期望通过发展数字经济为全球经济增长寻求动力支撑。其中，欧盟最先于2010年公布了数字经济议程，美国到2015年公布数字经济议程，英国、德国、法国、俄罗斯、日本、韩国、新加坡等国均发布了数字化战略，其余一些国家也在纷纷考虑出台和数字经济相关的战略与政策框架，以通过发展数字经济，推动传统经济的数字化转型，为经济增长提供新的动力。我国也十分重视信息技术、数字技术对传统经济的促进作用，只不过我国在名称上较多采用信息化和两化融合等提法。近年来，在国外数字经济以及工业4.0等战略的影响下，我国出台了《中国制造2025》与"互联网+"两大战略，以通过发展互联网等数字技术和高技术战略新兴产业等推动我国经济结构的转型升级与高质量发展。

（二）数字经济2.0

这一阶段主要指2015年至今，是以人工智能为核心的智能化阶段。

2016年，全球市值最高的五家公司首次全部花落数字平台公司：苹果、谷歌、Facebook、微软和亚马逊，远超传统工业巨头，在数字技术、数字标准与数据商业化快速发展背景下，数字技术对农业、制造业、服务业等传统行业的数字化改造进程也在不断加快。随着智慧农业、智能制造、智慧物流、互联网金融等领域的快速发展，全球数字经济发展进入2.0阶段。

2015年，"互联网+"首次进入政府工作报告，提出通过促进互联网融合创新作用的发挥，培育经济增长新动能，开启了我国数字经济发展的新篇章，之后"数字经济"这一词语进入政府工作报告，并被各类官方文件与重大会议所采用，数字经济发展的战略及相关政策的制定也提上了我国各部委及各级政府的议事日程。2016年的世界互联网大会与G20杭州峰会等重大国际会议、中央政治局网络强国战略集体学习、党的十九大报告、"一带一路"国际合作高峰论坛主旨演讲、《金砖国家领导人厦门宣言》等也出现了数字经济的字眼。从 2015 年到 2017 年,"互联网+"、分享经济、数字经济分别首次进入政府工作报告。2018 年政府工作报告又多次提到数字经济,指出我国要通过发展"互联网+"、智能制造等加快经济转型升级步伐。可见,我国已开始更多的从经济层面关注与研究数字经济问题,也希望通过培育数字技术新动能来大力发展数字经济。

第三节　数字经济发展中的挑战

近十年来我国数字经济发展势头迅猛,根据中国信息通信研究院测算,数字经济增加值已由 2011 年的 9.5 万亿元增长到 2019 年的 35.8 万亿元,占 GDP 比重提升了超过 15 个百分点。2020 年新冠疫情来袭,在线办公、视频会议、网上授课等无接触经济蓬勃发展,有效对冲了经济下行风险,加速了企业的数字化战略布局。

随着技术进步和商业模式的创新,数字经济推动劳动生产效率提升,可以在一定程度上抵消劳动年龄人口下滑的影响。随着远程沟通成本的下降,部分服务无须面对面接触也可以实现,服务业可贸易程度提高,进而促进服务跨区或跨境发展,这对未来的经济发展模式和经济结构具有重要含义。

一、数字经济带来的垄断

数据是数字经济时代的核心生产要素,数据的采集、加工与使用具有明显的规模经济与网络经济性,低甚至零边际成本意味着创新创业的门槛较低,但先发企业能够凭借自我增强的大数据优势来实现与固化垄断地位。

现实中哪些数字经济企业是"好"的垄断,哪些是"不好"的垄断,并没有那么分明它们很可能在开始阶段是"好"的垄断，与创新紧密联系，但发展到一定规模后，往往会利用知识产权、网络效应等构建竞争壁垒，寻求垄断租金，这就有可能阻碍竞争。

判断数字经济是否出现"垄断"，还需要用动态的眼光看待。按照熊彼特的创新理论，垄断和创新有天然的联系，没有垄断的超额收益，就不会有那么大的创新动力。科技公司创新失败的可能性很大，因此需要风险溢价的补偿来吸引创新。超额收益既来自垄断租金，也来自整体市场要求的风险补偿。

二、数据质量

在数据成为核心资源的今天，数据质量直接关系着社会各方对资源的利用效率。ISO9000质量管理体系将数据质量定义为"数据的一组固有属性满足数据消费者要求的程度"。数据的固有属性包括真实性、及时性、相关性，即数据真实反映客观世界、数据更新及时以及数据是消费者关注和需要的。高质量的数据还需要是完整无遗漏、无非法访问风险以及能够被理解和解释的。

影响数据质量的原因有很多，如数据的多源性。当一个数据有多个来源时，很难保证值的一致性，以及更新的同步性。另一个影响数据质量的原因是复杂数据的表示方式不统一，标准不明确。随着大数据的发展，每天都会产生大量多维度异构数据，如何对复杂数据进行统一编码，方便数据之间的兼容与融合，还有待进一步发展。

第四节　发展数字经济的意义、优势及重要性

一、发展数字经济的意义

数字经济的迅猛发展深刻地改变了人们生活、工作和学习方式，并在传统媒体、商务、公共关系、娱乐等众多领域引发深刻变革。发展数字经济已成为信息时代的最强音，对我国而言更具有特殊意义。

（一）全球经历数字经济变革

以计算机、网络和通信等为代表的现代信息革命催生了数字经济。数字经济虽然并没有产生任何有形产品，但它可以完成辅助设计、跟踪库存、完成销售、执行信贷、控制设备、设计计算、飞机导航、远程诊治等工作。

1. 数字经济加速经济全球化步伐

数字经济的出现，对人类社会来说是一场划时代的全球性变革，推动人类更深层次地跨入经济全球化时代。如，数字网络的发展，使全球化不再局限于商品和生产要素的跨国流动，而是从时空角度改变了世界市场和国际分工的格局；数字经济的出现拓展了贸易空间，缩短了贸易的距离和时间，使全球贸易规模远远超越了以往任何一个时期。

凭借数字网络技术的支持，跨国公司远程管理成本大幅度下降，企业活动范围更加全球化。美国《财富》杂志在分析了全球最大500家跨国公司的排名变化后认为："全球化色彩越浓，大公司利润越高。""一个更大、更富裕的世界"将随着全球化大发展而出现。数字经济加速了信息、商品与要素的全球流动，推动经济全球化进入了一个新的发展阶段。

2.数字经济软化全球产业结构

数字经济时代，数字网络技术的创新及广泛应用使全球产业结构更加知识化、高科技化。知识和技术等"软要素"正在取代资本和劳动力成为决定产业结构竞争力的重要因素。全球产业结构软化趋势越加明显。一是出现了知识驱动的经济发展模式。新一代信息技术蓬勃发展，跨国ICT企业加速市场扩张与产品创新步伐，世界各国都在大力发展信息技术产业，实现知识驱动的经济发展模式。二是传统产业加强了与信息产业的联系。计算机与数字技术能带来高效的生产效率，传统产业不断加强与信息产业的前向联系和后向联系，以便拥有更强的产业竞争力和创造更高的产业附加值；三是新型服务业方兴未艾。由于信息技术的普及和创新，计算机和软件服务、互联网信息等新兴服务业的迅速崛起，知识化、信息化、智能化正在成为全球服务业未来发展的新方向。

3.新的数字技术助推数字经济以及社会发展

移动技术、云计算、物联网和大数据分析，是当今数字经济中重要的技术趋势。总的来说，就是"智能一切"，即网络和数字化连接家庭、医疗、交通和能源，包括政府管理和社会治理等。这些新应用依赖固定和无线宽带网络，以及在互联网上连接的设备，以满足不断增长的经济和社会需求。

4.移动宽带应用加速数字产品普及

互联网普及率的提高，极大的受益于移动基础设施的发展和资费的下降。在许多新兴和欠发达国家，移动宽带连接的广泛提供，使这些经济体的互联网接入量大幅增加、宽带速度不断提升。移动宽带质量的提升和Wi-Fi的大规模普及，使移动设备扩大了应用规模，影响了数以亿计用户的工作和生活。

（二）数字经济是引领国家创新战略实施的重要力量

发展数字经济对我国的转型发展，以及实现中华民族伟大复兴的中国梦具有重要的现实意义和特别的推动作用，对贯彻落实新的发展理念、培育新经济增长点、以创新驱动推进供给侧改革、建设网络强国、构建信息时代国家新优势等都将产生深远的影响。

1. 发展数字经济是贯彻新发展理念的集中体现

数字经济本身就是新技术革命的产物，是一种新的经济形态、新的资源配置方式和新的发展理念，集中体现了创新的内在要求。我国发展数字经济，是贯彻"创新、协调、绿色、开放、共享"新发展理念的集中体现。数字经济减少了信息流动障碍，加速了资源要素流动，提高了供需匹配效率，有助于实现经济与社会、物质与精神、城乡之间、区域之间的协调发展。数字经济能够极大地提升资源的利用率，是绿色发展的最佳体现。数字经济的最大特点是基于互联网，而互联网的特性是开放共享。数字经济为落后地区、低收入人群创造了更多的参与经济活动、共享发展成果的机会。

2. 发展数字经济是推进供给侧结构性改革的重要抓手

以新一代信息技术与制造技术深度融合为特征的智能制造模式，正在引发新一轮制造业变革，数字化、虚拟化、智能化技术将贯穿产品的全生命周期，柔性化、网络化、个性化生产将成为制造模式的新趋势，全球化、服务化、平台化将成为产业组织的新方式。数字经济也在引领农业现代化、数字农业、智慧农业等农业发展新模式，即数字经济在农业领域的实现与应用。在服务业领域，数字经济的影响与作用也已经得到较好的体现，电子商务、互联网金融、网络教育、远程医疗、网约车、在线娱乐等的出现使人们的生产生活方式发生了极大改变。

3. 贯彻落实创新驱动发展战略，推动"大众创业、万众创新"的最佳试验场

现阶段，数字经济最能体现信息技术创新、商业模式创新以及制度创新的要求。数字经济的发展孕育了一大批极具发展潜力的互联网企业，并

成为激发创新创业的驱动力量。众创、众包、众扶、众筹等分享经济模式本身就是数字经济的重要组成部分。

（三）数字经济是构建信息时代国家竞争新优势的重要先导力量

数字经济的发展在信息革命引发的世界经济版图重构过程中，将起到至关重要的作用。信息时代的核心竞争力将越来越表现为一个国家或地区的数字能力、信息能力、网络能力。实践表明，我国发展数字经济有着自身独特的优势和有利条件，起步很快，势头良好，已在多数领域形成与先行国家同台竞争、同步领跑的局面，未来将在更多的领域发挥出领先发展的巨大潜力。

二、发展数字经济的优势

我国数字经济的不俗表现得益于全球信息革命提供的历史性机遇，得益于新常态下寻求经济增长新动能的强大内生动力，更得益于自身拥有的独特优势。我国发展数字经济的独特优势突出表现在三个方面：网民优势、后发优势和制度优势。

（一）网民优势孕育了我国数字经济的巨大潜能

就像我国经济社会快速发展一样，我国网民规模和信息技术发展速度也令人目眩。这促进了世界上最生机勃勃的数字经济的发展。

1. 信息技术赋能效应显现，使得数字经济空间无限

近年来，信息基础设施和信息产品迅速普及，信息技术的赋能效应逐步显现，为数字经济带来了无限的创新空间。以互联网为基础的数字经济，解决了信息不对称的问题，使边远地区的人们和弱势群体可以通过互联网、电子商务了解市场信息，学习新技术新知识，实现创新创业，获得全新的上升通道。基于互联网的分享经济还可以将海量的碎片化闲置资源（如土

地、房屋、产品、劳力、知识、时间、设备、生产能力等）整合起来，满足多样化、个性化的社会需求，进而使全社会的资源配置能力和效率得到大幅提升。当每一个网民的消费能力、供给能力、创新能力都进一步提升并发挥作用时，数字经济将迎来真正的春天。

2. 应用创新驱动，使得网民优势有效发挥

当前，数字经济发展已从技术创新驱动向应用创新驱动转变，我国的网民优势就显得格外重要。庞大的网民和手机用户群体，使我国数字经济在众多领域都可以轻易在全球排名中拔得头筹，如百度、阿里巴巴、腾讯、京东跻身全球互联网企业市值排行榜的前 10 位，有足够的经验供互联网创业公司借鉴。小猪短租、名医主刀等一批分享型企业也在迅速崛起，领先企业的成功为数字经济的全面发展提供了强大的示范效应。

（二）后发优势为数字经济提供了跨越式发展的特殊机遇

信息技术创新具有跳跃式发展的特点，它为我国数字经济的跨越式发展提供了机会。

1. 信息基础设施建设实现了跨越式发展

电话网铜线还没有铺设好就迎来了光纤通信时代，固定电话还没有普及就迎来了移动通信时代，固定宽带尚未普及就直接进入了全民移动互联网时代，2G、3G 还没普及就直接使用上了 4G。目前，我国信息基础设施基本建成，建成了全球最大规模的宽带通信网络，网络能力得到持续提升，全光网城市由点及面全面建设，城市基本实现了 100M 光纤全覆盖。

2. 信息技术应用正在经历跨越式发展

我国数字经济的发展是在工业化任务还没有完成的基础上开始的，尚不成熟的工业化降低了数字经济发展的路径依赖与制度锁定。工业化积累的矛盾和问题若用工业化的办法去解决，便十分困难也费时较长，但有了

信息革命和数字经济就不一样了。工业化的诸多痛点遇到数字经济就有了药到病除的妙方，甚至可以点石成金、化腐朽为神奇。而我国的网络购物、网约租车、分享式医疗等很多领域能够实现快速发展，甚至领先于许多发达国家，在很大程度上也是由于这些领域的工业化任务还没有完成，矛盾突出痛点多，迫切需要数字经济发展提供新的解决方案。在制造业领域，工业机器人、3D打印机等新装备、新技术在以长三角、珠三角等为主的中国制造业核心区域的应用明显加快，大数据、云计算、物联网等新的配套技术和生产方式开始得到大规模应用。多数企业还没有达到工业2.0、工业3.0水平就迎来以智能制造为核心的工业4.0时代。可以说，数字经济为我国加速完成工业化任务、实现"弯道超车"创造了条件。经过多年的努力，我国在芯片设计、移动通信、高性能计算等领域取得重大突破，部分领域实现全球领先，如华为、联想、中兴、腾讯、阿里巴巴、百度等企业在全球的地位稳步提高。

3. 农村现代化跨越式发展趋势明显

因为互联网，许多原本落后的农村彻底改变了面貌。农村电商的快速发展，吸引了大量的农民和大学生返乡创业，人口的回流与聚集也拉动了农村生活服务水平的提升和改善，释放的数字红利也为当地的发展提供了内生动力。如今，网购网销在越来越多的农村地区成为家常便饭，网上学习、手机订票、远程医疗服务纷至沓来，农民开始享受到前所未有的实惠和便利。

4. 信息社会发展水平相对落后，为数字经济发展预留了巨大空间

信息社会发展转型期也是信息技术产品及其创新应用的加速扩张期，这为数字经济大发展预留了广阔的空间。目前，我国电脑普及率、网民普及率、宽带普及率、智能手机普及率、人均上网时长等都还处于全球中等水平，发展空间巨大，未来几年仍将保持较快增长。以互联网普及为例，每年仅增加4000万的网民，就足以带来数字经济的大幅度提升。

（三）制度优势为数字经济发展提供了强有力的保障

我国发展数字经济的制度优势在于强有力的政治保障、战略规划、政策体系、统筹协调和组织动员。这为数字经济的发展创造了适宜的政策环境，从而带动了整个经济社会向数字经济转变。

1. 组织领导体系基本健全为数字经济发展提供了政治保障

2014年中央网络安全和信息化领导小组的成立标志着我国信息化建设真正上升到了"一把手工程"，信息化领导体制也随之基本健全。建设网络强国、发展数字经济已形成全国共识。各级领导和政府部门对信息化的高度重视，组织领导体系的基本健全，为数字经济的发展提供了重要的政治保障。

2. 信息化引领现代化的战略决策为数字经济发展提供了明晰的路线图

《国家信息化发展战略纲要》提出了从2016年起到21世纪中叶中国信息化发展的战略目标，明确了在增强信息化发展能力、提升信息化水平、优化信息化发展环境三大方面的56项重点任务。确切地说，国家信息化发展战略决策为数字经济发展提供了明确的路线图。

3. 制定并形成了较为完整的政策体系

在过去两年多的时间里，我国围绕信息化和数字经济发展密集出台了一系列政策文件，包括"互联网+"行动、宽带中国、中国制造2025、大数据战略、信息消费、电子商务、智慧城市、创新发展战略等。各部门、各地区也纷纷制定出台了相应的行动计划和保障政策。我国信息化政策体系在全球也可以称得上是最健全的，这也体现出国家对发展数字经济的决心之大、信心之足和期望之高。更为重要的是，我国的制度优势有利于凝聚全国共识，使政策迅速落地生根，形成自上而下与自下而上推动数字经济发展的大国合力。

三、数字经济对创新发展的重要性

我国数字经济已经扬帆起航，正在引领经济增长从低起点高速追赶走向高水平稳健超越，供给结构从中低端增量扩能走向中高端供给优化，动力引擎从密集的要素投入走向持续的创新驱动，技术产业从模仿式跟跑并跑走向自主型并跑领跑全面转型，为最终实现经济发展方式的根本性转变提供了强大的引擎。

（一）高速泛在的信息基础设施基本形成

无时不在、无处不在的电脑网络是支撑数字经济的关键。目前我国无论是宽带用户规模、固定宽带网速，还是网络能力等信息基础设施都已基本形成，实现了连接网络的普及、服务享受的普及等。

1. 网络能力得到持续提升

全光网城市由点及面全面推开，城市家庭已基本实现100Mbit/s光纤全覆盖。光纤宽带全球领先，光纤到户（FTTH）用户占比达到63%，仅次于日、韩，位列第三。部分重点城市已规模部署4G+技术。

2. 固定宽带实际下载速率迈入10Mbit/s时代

网络提速效果显著。2016年全国已有16个省级行政区域的平均下载速率率先超过10Mbit/s，其中上海和北京已超过12Mbit/s。我国的宽带网速已经迎来"10M时代"。

（二）数字经济成为国家经济发展的重要引擎

迄今为止，关于数字经济规模及其对GDP的贡献并没有可信的统计资料，但国内外都有机构做了一些研究性测算，对数字经济成为经济增长重要引擎给出一致性判断。

中国信息通信研究院（以下简称信通院）发布了《中国数字经济发展

与就业白皮书（2019年）》，指出数字经济是指以数字化的知识和信息为关键生产要素，以数字技术创新为核心驱动力，以现代信息网络为重要载体，通过数字技术与实体经济深度融合，不断提高传统产业数字化、智能化水平，加速重构经济发展与政府治理模式的一系列经济活动。当前，我国发展面临多年少有的国内外复杂严峻形势，经济出现新的下行压力，稳外贸、稳投资、稳预期等是近期经济发展的主要任务。数字经济的持续稳定快速发展，成为稳定经济增长的重要途径。未来，随着数字技术创新，并加速向传统产业的融合渗透，数字经济对经济增长的拉动作用将越发凸显。

（三）数字经济在生产生活各个领域全面渗透

针对当前的经济结构调整和产业转型升级趋势，我国数字经济也发挥着积极的推动作用，目前，工业云服务、大企业双创、企业互联网化、智能制造等领域的新模式、新业态正不断涌现。

1. 数字经济正在引领传统产业转型升级

《传统产业数字化转型的模式和路径》研究报告表明：中国经济在由高速增长阶段转向高质量发展阶段迎来诸多机遇，其中最大的机遇就是以信息技术为代表的新一轮技术革命来势迅猛、方兴未艾。回顾历史，无论是国家还是企业，谁能抓住新一轮重大新技术革命的浪潮，谁就可以后来者居上、脱颖而出。而在当前新一轮科技革命引发的技术创新浪潮的驱动下，我国新技术、新产业、新业态、新模式蓬勃发展，带动着新一轮产业结构的调整和产业升级，不断释放出经济高质量发展的新动能。

围绕传统产业数字化转型有以下几点，第一，传统产业的数字化转型和利用新技术发展新经济同等重要。一方面，要高度重视发展新经济；另一方面，要更加重视在国民经济中占大头的传统产业，利用新技术革命带来的机遇推动产业转型升级。传统产业数字化转型，对我国经济发展方式转换和高质量发展具有重要的战略意义。第二，传统产业的数字化转型既是技术的转型，又是商业模式的转型。当前，很多传统产业在探索不同的数字化转型路径，有的推出新产品，有的推出新服务方式，有的推出新商业模式，有的生产过程发生了重大变化，很多时候技术升级和商业模式的转型是交织在一起的。数字化转型的方式多种多样，而且这种变化才刚刚开始，更深刻的变化还在后面，需要市场不断探索。第三，传统产业的数字化转型需要在多方面营造良好环境。如，要有鼓励创新的环境，要有一整套体制、机制引导社会把更多地资源投向创新活动，要有包容创新的监管理念、监管办法引导和鼓励传统产业的数字化转型，从而让创新成为新时代推动经济发展最重要的动力。

数字化转型的广泛应用将给我国传统产业带来诸多益处。其中包括：加快 IT 系统更新迭代，提升业务敏捷度；优化生产过程，提高生产效率；延伸产业链长度，扩展服务环节，为传统产业带来更多价值。针对传统产业的行业数字化特点和不同的发展阶段，报告中提出了数字化转型分步实施的路径，分四个阶段：第一阶段（2018—2020）开展数字化转型试点，第二阶段（2021—2025）推进中小企业进行数字化转型，第三阶段（2026—2030）实施企业内到行业的集成，并于第四阶段（2031—2035）最终实现完整的生态系统的构建。

当前，企业数字化转型不是选择，而是唯一出路，是关系企业生死存亡的关键。企业应紧贴行业发展趋势和市场需求，提出完整的数字化转型解决方案，以实现更多价值。

2.数字经济开始融入城乡居民生活

中国互联网络信息中心报告，网络环境的逐步完善和手机的迅速普及，使移动互联网应用的需求不断被激发。

互联网的普惠、便捷、共享等特性，已经渗透到公共服务领域，也为加快提升公共服务水平、有效促进民生改善与社会和谐提供了有力保障。

3. 数字经济正在变革治理体系

数字经济带来的新产业、新业态、新模式，使传统监管制度与产业政策遗留的旧问题更加突出，但发展过程中出现的新问题更加不容忽视。一方面，数字经济发展，促进了政府部门加快改革不适应实践发展要求的市场监管、产业政策，如推动放管服改革、完善商事制度、降低准入门槛、建立市场清单制度、健全事中事后监管、建立"一号一窗一网"公共服务机制，为数字经济发展营造了良好的环境。另一方面，数字经济的发展也在倒逼监管体系的创新与完善，如制定网约车新政、加快推进电子商务立法、规范互联网金融发展、推动社会信用管理等。当然，数字经济也为政府运用大数据、云计算等信息技术提高政府监管水平与服务能力创造了条件和工具。

（四）我国数字经济未来的发展

未来，我国信息基础设施体系将更加完善，数字经济将全方位影响经济社会的发展，数字经济市场将逐渐从新兴走向成熟，创新和精细化运营成为新方向，数字经济总量仍将保持较快的发展。

1. 国家信息基础设施体系将更加完善

《国家信息化发展战略纲要》提出，到2020年，固定宽带家庭普及率达到中等发达国家水平，3G、4G网络覆盖城乡，5G技术研发与标准取得突破性进展。互联网国际出口带宽达到每秒20太比特（Tbps），支撑"一带一路"倡议的实施，与周边国家实现网络互联、信息互通，建成中国—东盟信息港，初步建成网上丝绸之路，信息通信技术、产品和互联网服务的国际竞争力明显增强。到2025年，新一代信息通信技术得到及时应用，固定宽带家庭普及率接近国际先进水平，建成国际领先的移动通信网络，实现宽带网络的无缝覆盖，互联网国际出口带宽达到每秒48太比特（Tbps），建成四大国际信息通道，连接太平洋、中东欧、西非北非、东南亚、中亚、印巴缅俄等国家和地区。到21世纪中叶，泛在先进的信息基础设施为数字经济发展奠定坚实的基础，陆地、海洋、天空、太空立体覆盖的国家信息基础设施体系基本完善，人们通过网络了解世界、掌握信息、摆脱贫困、改善生活。

2. 经济发展的数字化转型成为重点

以信息技术为代表的技术群体性突破是构建现代技术产业体系、引领经济数字化转型的动力源泉，先进的信息生产力将推动我国经济向形态更高级、分工更优化、结构更合理的数字经济阶段演进。按照《国家信息化发展战略纲要》，2020年，核心关键技术部分领域达到国际先进水平，重点行业数字化、网络化、智能化取得明显进展，网络化协同创新体系全面形成，以新产品、新产业、新业态为代表的数字经济供给体系基本形成；信息消费总额将达到6万亿元，电子商务交易规模达到38万亿元，信息产业国际竞争力大幅提升，制造业大国地位进一步巩固，制造业信息化水平大幅提升，农业信息化水平明显提升，部分地区率先基本实现现代化。到2025年，根本改变核心关键技术受制于人的局面，形成安全可控的信息技术产业体系，涌现一批具有强大国际竞争力的数字经济企业与产业集群，数字经济进一步发展壮大，数字经济与传统产业深度融合；信息消费总额达到12万亿元，电子商务交易规模达到67万亿元；制造业整体素质大幅提升，创新能力显著增强，工业化与信息化融合迈上新台阶；信息化改造传统农业取得重大突破，大部分地区基本实现农业现代化。预计到2025年我国互联网将促进劳动生产率提升7%~22%，对GDP增长的贡献率将达到3.2%~11.4%，平均为7.3%。到21世纪中叶，国家信息优势将越来越突出,数字红利得可以到充分释放,经济发展方式顺利完成数字化转型,先进的信息生产力基本形成,数字经济将成为主要的经济形态。

3.分享经济将成为数字经济的最大亮点

经历了萌芽、起步与快速成长,分享经济即将进入全面创新发展的新时期,成为数字经济最大的亮点。

我国分享经济已进入一个人人可参与、物物可分享的全分享时代。其主要表现在:①更多人的参与。随着互联网应用的普及,会有更多的中老年人群、农村居民参与到分享经济中来。②更广泛的分享。从无形产品到有形产品、从消费产品到生产要素、从个人资源到企业资源,物物皆可纳入分享经济的范畴。③更深入的渗透。分享经济将深入渗透到各个行业领域,不仅活跃在交通、住房、教育、医疗、家政、金融等与人们生活息息相关的服务业领域,还将迅速渗透到基础设施、能源、农业、制造业等生产领域。④更活跃的创新。未来,我国分享经济将进入本土化创新的集中爆发期,分享经济企业将加速实现从模仿到原创、从跟随到引领、从本土到全球的质的飞跃。

第五章 绿色经济发展

绿色经济发展的理论起步比较晚,它是全球经济发展到一定阶段之后的产物。虽然其起步较晚,但是各国学者都做出了一定的研究,也形成了一些关于绿色经济的理论。本章主要从四个方面入手,分别是绿色经济概述、绿色经济的特征、绿色经济的理论框架和中国绿色经济发展,从而为后面的研究构建理论基础。

第一节 绿色经济概述

一、绿色经济的内涵

20世纪90年代,"绿色经济"作为一个独立的概念首次被英国著名经济学家皮尔斯在其著作《绿色经济蓝皮书》中提出,在书中绿色经济被定义为一种可持续发展的经济形态。绿色经济要以当前的生态条件为依据,结合现实发展情况建立起一种新的经济发展模式,该发展模式一定要在自然经济和人类可承受的范围之内。随后,联合国环境规划署在2008年的《绿色经济发展》报告中把绿色经济定义为:"在经济发展的同时,确保自然资源的可持续增长能力,从而为经济发展与人类福祉持续提供资源与环境生态的服务。"从著名专家和联合国环保机构的定义中可以发现,绿色经济应当具备低碳、资源的合理高效利用和社会包容性三个方面的特质。绿色经济在经济活动领域之中应当包含碳排放量与环境污染的减少,以及提高能源与资源的使用效率,进而防止生物多样性缺失及对生态环境的破坏。

除此以外,还有一些国外及国内的专家学者对绿色经济进行了研究,其中以丹赫尔的三因素决定论最具影响。丹赫尔所说的三因素主要指环境、经济和社会。博卡特把绿色经济概况为六个方面的内容,分别是可再生能源、绿色建筑、清洁交通、水资源管理、废弃物管理和土地管理,六个方面协同发展,互为补充,共同构建绿色经济。中国学者不断加深对绿色经济方面的研究,也取得了不错的成绩。季涛认为,绿色经济是以效率、和谐、持续为发展目标,以生态农业、循环工业和持续服务产业为基本内容的经济结构、增长方式和社会形态。刘思华认为,绿色经济是以生态经济为基础,知识经济为主导的可持续发展的实现形态和形象体现,是环境保护和社会全面进步的物质基础,是可持续发展的代名词。邹进泰、熊维明认为,绿色经济是一个国家或地区在市场竞争和生态竞争中形成的能够发挥比较优势、占有较大国内外市场份额,并成为国民经济主导或支柱产业的绿色产业、绿色产品和绿色企业。李向前等人认为,绿色经济是充分利用现代科学技术,以实施自然资源开发创新工程为重点,大力开发具有比较优势的绿色资源;巩固提高有利于维护良好生态的少污染、无污染产业,在所有行业中加强环境保护,发展清洁生产,不断改善和优化生态环境,促使人与自然和谐发展,人口、资源与环境相互协调、相互促进,实现经济社会的可持续发展的经济模式。吴晓青认为,绿色经济是以保护和完善生态环境为前提,以珍惜并充分利用自然资源为主要内容,以社会、经济、环境协调发展为增长方式,以可持续发展为目标的经济形态。

综合国外及国内学者的研究成果,笔者认为绿色经济的内涵应当包括以下几个方面:第一,绿色经济发展的前提是环境和自由;第二,绿色经济的发展目标是协同发展,包括经济、社会和环境;第三,绿色经济发展不仅要追求结果的绿色，更要追求过程的绿色和生态。绿色经济就是经济的可持续发展，这种可持续发展要建立在对资源的保护和充分利用的基础上，保证经济的发展不以破坏环境为代价。

二、绿色经济相关概念介绍

除了上面介绍的绿色经济以外，学者关注比较多的研究方向还有循环经济和低碳经济，这三者在内容上有重叠部分。循环经济主要从生产的角度阐述，它源于日趋激烈的市场竞争和不断枯竭的资源。在循环经济模式下，工业生产投入的资源被分成两大类，分别是生态友好型和技术友好型。生态友好型资源是指那些在生产过程中产生的对环境没有负面影响的废弃物的生产资料，这些资源产生的废弃物将排入自然界生物圈内再循环，从而实现生态型资源的循环利用；技术友好型资源是指在生产过程中产生的对环境有不良影响的生产资料，这些资源产生的废弃物应在生产过程中得到最大限度的利用，并全力减少其排放。循环经济的发展提高了经济和资源的利用效率，推动了经济的健康发展，它可以作为绿色经济的一个重要组成部分。

低碳经济产生的背景是碳排放量的增加导致全球气候变暖，低碳经济是一类经济形态的总和，当前的低碳经济主要包括低碳发展、低碳产业、低碳技术、低碳生活等，低碳经济的特点是低能耗、低污染、低排放。低碳经济最基本的目标就是要实现经济社会的协调与可持续发展；其最根本的要求就是要通过技术的改进和观念的更新不断提高资源的利用效率，不断降低碳的排放量，从而实现全球的生态平衡。

通过比较分析可以发现，绿色经济与循环经济、低碳经济在发展上的理念是相同的，都是在充分认识人与自然的基础上进行的。通过对三者的研究发现，它们的理论基础是相近的，发展观和发展路径也比较类似，都是追求提高对资源的利用效率。虽然三者具有如此多的相似之处，但是它们之间的差别还是比较明显的。循环经济的主要目标是应对经济发展中已经出现的能源危机，通过技术的革新和观念的改变提高能源的利用效率以及对资源进行循环再利用。低碳经济在发展上更加注重降低能源的损耗，减少污染量的排放，其主要依靠对能源开发技术的不断革新、改变消费模式、创新经济发展的路径。低碳经济既注重减少碳的排放量，又注重发展新型经济，非常符合当下的时代主题。而绿色经济的立足点是解决当前存在的环境危机，绿色经济的核心思想是以人为本，在发展的过程中既注重对环境的保护，又要全面提高人民群众的生活水平，追求一种人与自然和谐发展的状态，最终实现全社会的共同发展和进步。

以上三种经济发展理论都是基于当前人类发展所面对的共同问题而出现的，分别从不同的角度解决问题，每种方法都有其自身的优势。就三种理论的覆盖范围而言，绿色经济理论更加全面，它在内容上涵盖了循环经济和低碳经济，也在发展目标上把二者纳入其中。所以，本研究的对象绿色经济是一种符合当今时代发展需求的、更为全面的经济理论，对绿色经济进行研究能够更加广泛的推动社会文明的进步。

第二节　绿色经济的特征

绿色经济的发展不同于以往的经济发展模式，它注重对人健康需要的供给和人发展的供给，如果偏离这一目标将毫无意义。根据马克思的观点，人创造了社会财富，所以社会财富应由人们共享。绿色经济发展注重环境保护，但是并不像唯生态主义者那样只关注生态保护，而忽视经济发展和人的健康发展。绿色经济发展是希望通过人与自然的和谐共生、和谐相处实现人类的永续发展，既不是通过破坏环境来获取发展，也不是以牺牲子孙后代的利益来换取当代的发展，而是兼顾眼前和长远、当代和后代的和谐发展。在对绿色经济进行深入分析的基础上，我们发现其作为一种崭新的经济形态具有以下一些特征。

一、绿色经济具有绿色文明性和产业性

绿色经济的发展建立在价值观重构的基础上，其更加注重对资源的保护和利用，涵盖了工业生产的各方面。绿色经济追求的是生态和经济价值的最大化，在发展过程中要时刻把观念摆在首要位置，即绿色文明性。随着人与自然关系的不断演变，人类文明进程也在逐步推进。第一次工业革命使人类由农业文明时代迈向工业文明时代，这是历史上一个了不起的进步。第二次和第三次工业革命使人类发展了工业文明，极大的解放和发展了资本主义发展模式，但是也带来了巨大的环境损耗。而作为第四次工业革命的绿色经济革命，将推动人类从黑色的工业文明时代进入新的绿色文明时代。可以说，绿色文明是绿色经济的基本价值观，绿色经济是绿色文明的表现形态，是人类对自然规律、经济规律和社会规律探索的最新大集成，即绿色经济具有文明性。

绿色经济不是孤立存在的，而是依托于相应的产业发展的，因此绿色经济在发展中具有产业性。产业性是绿色经济最直接的外在表现，也是促进原始创新与经济不断循环的重要途径。产业绿色化是一次全方位的产业革命，既包括传统黑色产业的绿化，也包括战略性新兴绿色产业的发展。一方面，新兴产业不能凭空而为，必须依赖传统产业的技术积累、制造能力和产业体系，传统产业已经形成完备的产业配套体系，能够为新兴绿色产业发展提供雄厚的产业支撑和广阔的市场需求；另一方面，要发挥绿色产业的技术优势，加快传统高耗能、高污染、高排放和低效益的产业改造，如钢铁、水泥、玻璃、化工、有色金属等的改造，淘汰落后产业，突破黑

色和褐色产业的利益刚性与发展惯性，提高资源利用效率，降低能耗和减少碳排放，进一步发展具有比较优势的劳动密集型产业，扩大社会就业。实现绿色产业的绿色转型，要吸引私人和公共资本进入绿色经济领域，发展绿色金融，加大对可再生能源、新能源汽车、环保等战略性新兴绿色产业的绿色投入。在新兴绿色产业发展方面，发展中国家与发达国家差距较小，可充分利用基础理论方面的全球公共知识，加大绿色投入，利用蛙跳原理，发挥自身的后发优势，进而实现又好又快发展。

绿色经济的发展不是唯经济指标的发展，在发展过程中强调通过高新技术作为内生动力，助推人与自然和谐相处、和谐发展，实现经济指标、生态指标及人的全面发展指标相互促进、相得益彰、共同发展，任何一个指标发展的缺位都将影响三个指标的整体效能。绿色经济强调经济发展的关键在于资源环境的永续性、可持续性，子孙后代能够永续享用，即具有代际公平性、生态永续性的特点。必须深入坚持绿色发展理念，利用第四次工业革命技术建立基于生态指标、经济指标、人的获得指标为一体的生态化经济发展模式。

二、绿色经济具有消费合理性

绿色经济最终的产出是为消费服务的，绿色经济建立在消费的基础上才是有价值的，才是会继续发展的。2012年，尼尔森公司发布了《全球社会意识消费者报告》，报告显示约有66%的消费者认为企业应当保护环境，而且消费者愿意为绿色消费承担更多成本。农业经济和工业经济的发展破坏了人与自然的依存关系，迫使人们开始寻找一种能够实现经济与资源协调发展的模式，而绿色经济强调经济发展要有利于资源节约、环境保护、消费合理的思想，恰恰符合这样一种模式。在绿色经济模式下，人类以经济、自然和社会可持续发展为目标，将绿色生产生活和生态环境保护统一起来,突出资源节约与合理利用,强调环境保护与经济增长并举。具体来说,绿色经济将自然资源作为研究的内生变量,认识到自然资源的稀缺性,唯有节约资源、减少耗费,经济的使用资源方能解决资源稀缺性与人类无限需求的深刻矛盾;而环境是人类生存的条件和发展的基础,它既能够造福人类,也能毁灭人类。绿色经济要求人类自然地保护环境,减少环境污染,改善生态环境。前三次工业革命使资本主义的过度不合理消费越演越烈,消费的急速扩张远远超过了资源能源利用率的提高,而绿色经济要引导大众走向绿色、适度、合理的消费方式,要从根本上扭转无节制的不可持续消费趋势。绿色消费主要是指消费行为和消费方式,如尽可能购买散装物品,减少在包装上面的浪费;购买由可循环材料做成的商品;少购买或使用一次性产品,如酒店或饭店里的剃须刀、梳子、塑料餐具等;使用可充电电池,它寿命长久、花费更少,且不会给河流带来污染;买二手或翻新的物品;用能量利用率高的用品;用天然、无公害的物品代替化学制品家具和杀虫剂等。以上种种以及其他方法,可以帮助减少污染、节约能源和抵抗全球气候变化。

在此基础上,还要倡导绿色消费。绿色消费是一种高层次的理性消费,是带着环境意识的消费活动,它体现了人类崭新的道德观、价值观和人生观。绿色消费已得到国际社会的广泛认同,国际消费者联合会从1997年开始,连续开展了以"可持续发展和绿色消费"为主题的活动。随着我国城镇人均可支配收入的持续提高,按照全面小康社会建设目标,2020年人均收入较2010年要翻一番。据统计,城镇居民消费支出是农村居民消费支出的3.5倍。到2020年,我国城镇人口占比将提高到60%,消费增长潜力巨大。近年来,我国新型消费模式发展迅速,对消费拉动作用明显。2016年,中国网络零售交易总额达5.16万亿元,同比增长26.2%。在中国,原国家环保总局等六个部门在1999年启动了以开辟绿色通道、培育绿色市场、提倡绿色消费为主的"三绿工程",中国消费者协会则把2001年定为"绿色消费主题年"。党的十七大、十八大报告也先后提出了建设生态文明的目标,并指出要基本形成节约能源资源和保护生态环境的消费模式。党的十九大报告指出:"人与自然是生命共同体,人类必须尊重自然、顺应自然、保护自然。人类只有遵循自然规律才能有效防止在开发利用自然上走弯路,人类对大自然的伤害最终会伤及人类自身,这是无法抗拒的规律。我们要建设的现代化是人与自然和谐共生的现代化,既要创造更多物质财富和精神财富以满足人民日益增长的美好生活需要,也要提供更多优质生态产品以满足人民日益增长的优美生态环境需要。必须坚持节约优先、保护优先、自然恢复为主的方针,形成节约资源和保护环境的空间格局、产业结构、生产方式、生活方式,还自然以宁静、和谐、美丽。"并指出要推进绿色发展,在发展经济的同时,着力解决突出环境问题,加大生态系统保护力度,改革生态环境监管体制,实现经济的可持续发展。

三、绿色经济具有创新性和公益性

绿色创新本质上是要改变传统生产函数,利用创新要素替代自然要素,提高资源配置效率,使经济发展与自然资源消耗、环境污染逐渐脱钩。绿色创新包括绿色制度、绿色技术、绿色市场以及绿色观念等的创新,绿色制度创新有助于正向激励绿色要素聚合,绿色观念创新可以引导人们改变"先污染、后治理"的思想,绿色技术创新能够提升资源利用和环境治理效率,绿色市场创新可以推动绿色低碳生活方式和消费模式。我国绿色消费活动涉及衣食住行众多领域。在食品领域,2003年和2005年我国分别启动了无公害农产品和有机产品认证工作,2012年又实施了绿色食品认证。近年来,围绕绿色出行的基础设施建设得到较快发展。2015年,我国城市轨道交通运营线路总长度为3069千米,"十二五"期间共建成投入运营的线路 1640 千米，平均每年增加 328 千米；预计 2020 年年底，我国城市轨道交通运营里程将突破 6000 千米，城市轨道交通将成为全国一、二线城市公共交通的主体。与常规发展模式相比，绿色创新，特别是制度的变革与技术的进步，有助于隧穿黑色经济的环境库兹涅茨曲线，能够在相对较低的人均收入条件下达到生态赤字高峰，在达到生态阈值之前缩小生态赤字，缓和人与自然的紧张关系，实现经济自然社会的永续发展。

绿色经济的发展一定是建立在公益性基础上的，这是基于对以往经济发展路径的深刻认识和对人类生存环境的担忧。能够被人们利用的自然资源在一定时空范围内的数量是有限的，而人们对物质需求的欲望却是不断膨胀的，自工业文明以来，二者之间的矛盾越来越凸显。

经济、社会和环境的协调可持续发展是绿色经济的最高宗旨。绿色经济要求遵循生态规律和经济规律，时刻考虑生态环境容量和承载能力。因为环境资源不仅是经济发展的内生变量，而且是经济得以发展的前提条件。发展绿色经济有利于减少贫困；发展绿色经济有利于增加自然资本投资，从而增强生态环境保护与收入提高的相关性；发展绿色经济可以提高贫困人群拥有的生存资本的存量和质量，增加其经济贸易机会，最终有助于社会发展。当全社会的绿色经济观念和意识增强时，有助于更加广泛地在生产生活中践行绿色经济思想，以实际行动共建美丽地球。无论在环保上还是在经济发展上，绿色经济的发展水平比以往的传统经济发展模式都要有更大的提升和进步。绿色经济强调的人与自然的和谐统一，经济、社会与环境可持续发展的理念，惠及每个国家的每个公民，甚至是人类的永续发展。绿色经济能够吸引各个国家和人民自觉投身绿色经济发展中，即以最小的资源消耗获得尽可能大的经济效益，实现物质文明、生态文明、精神文明协调发展。

四、绿色经济具有低碳性和复杂性

绿色经济的发展是以低碳环保为前提条件的，绿色经济一方面强调生产生活的节能、降耗，即提高能源利用效率，提高可再生能源和新能源的消费比例，尽可能的减少煤炭等不可再生能源的使用；另一方面，强调生产和消费环节应减少碳排放，降低经济发展对环境的损害和资源的消耗，体现低碳的环保理念。低碳经济已成为世界经济发展的主要特征和趋势。在中国大力发展低碳经济，也是构建小康社会、实现"美丽中国"的蓝图的必由之路和坚实保障。"绿水青山就是金山银山"是对低碳经济最为形象的描述和概括，也是党和国家最为明确的指示和要求。低碳经济作为新的发展模式，不仅是实现全球减排目标的战略选择，也是保证经济持续健康增长的最佳选择。全球经济发展理念和模式的转型为中国经济发展提供了重大机遇。在政府倡导和企业自觉的双向努力下，中国已经成为积极发展低碳经济的引领者。历经数年发展，目前中国企业已经在多个低碳产品和服务领域取得世界领先地位，其中以可再生能源相关行业最为突出。

绿色经济通过加大绿色投资、提升绿色技术创新、改善绿色组织管理等方式转变粗放的增长模式，提高资源使用效益，减少资源消耗和污染排放，最终实现经济发展。绿色经济模式与传统经济模式最大的区别在于绿色经济模式更具包容性，不仅关注经济的增长，还始终把人的存在状态和发展水平作为关注的核心和思考的起点，认为只有提高人类福祉和社会公平，为妇女、儿童及贫困地区人口创造更多的绿色就业和收入机会，方能实现环境、经济和社会的可持续发展。绿色经济不仅重视人获得感的提升和生态文明建设的成效，而且重视社会的发展和进步。绿色经济的供给领域改革不仅包括生产和分配的体制机制供给，而且包括公平供给的落实，进而使绿色经济的发展公平地惠及每个人。绿色经济强调注重人的环保意识的培养，使环保行为成为每个人的自觉行为，成为一个社会和国家的自觉行为，并且把绿色经济作为衡量社会进步的重要指标，以绿色 GDP 取代传统 GDP。绿色经济是具有复杂特性的经济形态。所谓复杂按照米歇尔沃尔德普罗的观点是那种发生在秩序与混沌的边缘的状态，是一种既具有亦此亦彼又具有非此非彼、既具有确定性又具有不确定性的过程。绿色经济正是具有这样特性的经济形态。从秩序、现在、危机的角度看，它是以市场为导向、以传统产业经济为基础、以绿色创新为利润增长点的经济增长方式；从未来、重构的角度看，它似乎又主要是以全球跨国之间的价值认同和国际契约为导向、以可持续发展的微观经济组织为基础、以人类共同福祉为目标，具有新质的经济发展方式。绿色经济的复杂性决定了它还具有或然性特征。它既可以被当作带动新一轮经济增长的创新点，又可以被当作诱发新经济发展的始基因素。众所周知，经济增长与经济发展都是经济进步的表现形式，但前者是原有生产方式基础上量的进步，后者是旧有生产方式发生革命性质的转变。从选择的角度看，经济增长方式的创新常有发生，经济发展方式的转变却很少进行，因为那些能诱发生产方式质变的始基因素可遇不可求。迄今为止，只有那些诱发了 18 世纪中叶、19 世纪中后叶、20 世纪 70 年代三次划时代的产业革命的革命因素，才能被称为具有培育或诱发生产方式全球性革命的始基因素。

第三节　绿色经济的理论框架

一、绿色经济的系统框架

绿色经济是将自然资本作为经济发展的内生变量，以绿色文明为基本价值观，以资源节约、环境保护和消费合理为核心内容，以绿色创新为根本动力，通过技术创新与绿色投入，改造传统产业与发展新兴绿色产业，全面绿化整个经济系统，实现绿色增长与人类福祉最大化的经济形态。绿色经济主要由绿色劳动者、绿色企业、绿色市场和中介组织、政府、社会等部门共同参与。应该将绿色经济视为绿色生产、分配、交换、消费的有机系统。绿色经济是经济社会发展到一定阶段的现实选择和必然产物。消费理论认为，当人均收入超过3000美元时，效率不再是消费者进行产品满意度评价的唯一标准，产品的健康性、异质性、独特性风格等也是评价的重要参考依据，绿色经济很好的契合了这一标准。由于与传统的经济形态相比，绿色经济在核心内容、根本动力及表现形式等方面有着本质的区别，因此绿色经济动态循环过程同其他经济形态也有所差异。

绿色经济系统的外围层是绿色经济系统的基础环境，主要包括绿色制度、自然资本、科技创新、社会保障等。绿色基础环境是绿色经济体系的支撑和保障，也是推动绿色经济持续发展、良性循环的关键内容。正如世界经济合作组织在《迈向绿色增长》报告中所指出的：稳定的宏观环境，特别是财税制度、科技创新、纠正严重失衡的自然系统和破除资源"瓶颈"是绿色增长的四大来源。具体来说，绿色制度包括以政策法规为主的正式制度和以道德文明为主的非正式制度。而好的制度，特别是那些有利于促进资源有效利用和生态环境保护的制度，有望在长期增加人类福祉，是所以绿色发展战略的核心。

二、绿色经济的核心框架

（一）绿色生产

绿色生产是绿色经济的重要运行方式，它将自然资源与生态服务纳入生产投入的范畴，以节约能源、降低能耗、减少污染为目标，以技术和管理为手段，将绿色理念贯彻到生产的全过程，创造出绿色产品，以促进绿色消费、实现资源节约和环境改善。从生产流程来看，绿色生产包括绿色决策、绿色设计、采用绿色技术与工艺、绿色采购、绿色营销以及绿色管理等方面；从生产类型来看，绿色生产包括绿色产品生产、绿色服务和劳务生产等。其中，绿色决策是绿色生产的灵魂，它要求生产者摒弃传统粗放的生产方式，在制定生产计划、选择研发方案、确定产品种类等时都必须将资源节约与环境影响考虑在内。在绿色生产环节，绿色管理也是重要的内容。绿色管理是绿色经济的微观实现途径，是生态经济学在现代企业管理中新的发展。绿色管理坚持全过程控制和双赢原则，要求在管理的各个层次、各个领域、各个方面、各个过程时时考虑环保、处处体现绿色。绿色管理能够为企业带来差别优势和成本优势，有利于提升企业的社会形象，是提高企业竞争优势的重要手段。

（二）绿色消费

绿色消费是一种以协调人与自然关系为目标，有益于消费者自身、他人身心健康，有利于环境改善的新的消费方式。作为绿色经济活动的起点和终点，绿色消费通过价格机制调节引导产品结构、市场结构以及产业结构的绿色化转变。绿色消费的对象是绿色产品与服务，消费方式是合理适度消费，消费结果是提高健康安全水平。绿色消费的内容极为广泛，涵盖消费行为的各方面，可以用5R原则来概括，即节约资源（Reduce）、环保选购（Reevaluate）、重复利用（Reuse）、循环再生（Recycle）和保护自然（Rescue）。绿色消费根据这五个原则分别对应五种消费类型：节约资源型消费、环保选购型消费、重复利用型消费、循环再生型消费和保护自然型消费。

节约资源型消费指的是在消费中尽量节约自然资源，特别是不可再生的资源，同时尽量减少对环境的污染破坏；环保选购型消费指优先选购有利于身体健康和环境保护的消费品，以自身的消费选择来倒逼企业进行绿色生产；重复利用型消费要求在日常生活中尽量减少一次性物品的使用，重复利用各种物品，最大限度的发挥产品的使用价值；循环再生型消费要求对尚有利用价值的消费品进行分类回收、循环利用，减少资源的浪费和污染；保护自然型消费又称自然友好型消费，它强调在消费过程中尊重自然、顺应自然、保护自然，以实现人与自然的和谐共处。只有当绿色消费不断扩大并逐渐成为气候，绿色需求足够强烈时，绿色消费力量才能达到一定水平，方能抵制和抗衡市场的非理性行为，推动绿色市场的健康发展。

（三）绿色市场

绿色市场是绿色经济运行的整体形式，是绿色生产与绿色消费的中间联系。研究绿色市场就是从整体上把握绿色经济的运行状况，以揭示绿色经济的总体特征和运行机理。绿色市场包括商品市场和要素市场。商品市场又包括绿色消费品和绿色生产资料市场；要素市场即绿色生产要素市场。绿色经济的本质要求将经济活动的生态环境影响纳入市场的体系和框架中，这一本质决定了绿色市场与传统市场相比，必须解决影响经济绿色化的两个问题：一是解决经济活动的外部性问题，即如何将外部性内部化；

二是价格机制如何反映市场绿色供给与绿色需求的关系。解决外部性内部化的主要理论观点是庇古税和科斯定理,即通过制定自然资本的税收与补贴政策,明确自然资本的产权关系,有效的补偿外部性问题中利益受损的一方,从而保障绿色经济的顺利运行与发展。

(四)三者的关系

绿色生产、绿色消费与绿色市场三者是相互影响、相互制约的。绿色生产是绿色经济体系的基础,以生产过程的生态足迹减少为核心,既满足当前的社会需求,又不能损害满足将来需求的生产活动。绿色生产决定绿色消费的对象、方式、质量和水平,要求各种原材料和能源消耗最小化、各种生产浪费最小化。绿色消费作为绿色经济活动的起点和终点,是绿色生产的目的和动力,调节反作用于绿色生产,是绿色经济体系的关键。只有当消费者,包括个体消费者和机构消费者,倾向购买可持续的绿色产品和服务时,生产者才会积极响应消费者的需求,生产绿色低碳的产品和服务。绿色市场是绿色经济体系的重要中介,是绿色生产与绿色消费实现的关键平台,只有通过市场机制方能实现绿色价值。随着绿色生产、交易和消费过程的完成,绿色的生产、交换、分配和消费的循环过程便得以实现。

绿色评价包括对自然资源市场价值的造价评估、对经济增长的质量与构成的考核、对生产生活消耗的资源、人类活动对环境的影响、自然环境对人们财富与福祉的影响等进行评价。强有力的绿色评价将地球边界纳入考量范畴,能够有效监测与管理三大资本的扩大再生产,提高经济发展的质量,实现经济、社会、环境效益的统一。

在短时间内,绿色转型的代价以及政策协调难度大等因素会阻碍绿色政策的实施和制度的完善。在绿色经济理论中,自然资本是同人造资本、人力资本并驾齐驱的三大生产要素。世界银行指出:忽视自然资本就如同忽视人力资本和人造资本，是坏的管理方式，坏的经济学，是不利于经济增长的。自然资本不可被人造资本完全替代，自然资本的有限性特征，必然会制约以人造资本积累为导向的经济增长。摆脱这一制约的关键在于科技创新。科技创新是绿色经济的动力和关键，对经济总量起到扩张和倍增的作用，有利于提高要素投入的综合生产力，改变三大资本之间的相互关系，释放生产力。一方面，技术进步与创新使经济增长与自然资本消耗和生态环境破坏脱钩；另一方面，技术进步与创新通过改变生产要素结构，解除要素限制对生产力发展造成的阻力。绿色经济以人为本，维护人们较高的生活质量，为人们提供物质保障、健康、自由、安全等，其最终目标是提高人类福利水平。当前，提高人们物质保障和健康安全的主要要素就是社会保障体系。社会保障要素涵盖教育、医疗卫生、文娱等内容，通过人类日常生活对自然环境系统产生影响，并为绿色经济系统提供绿色的产品和服务，满足经济系统的消费需求。可以说，社会保障情况既是绿色经济发展水平的具体体现，又是绿色经济竞争力提升的重要保障，更是实现经济系统、生态系统和社会系统三位一体的基本前提。

第六章 农村经济发展与管理

现代农村经济管理是根据市场需求和国家对经济手段的运用情况等外部环境和本地区的内部条件，确定经济发展的目标，并对再生产过程中的生产、分配、交换、消费环境和人、财、物、信息等生产要素进行决策、计划、组织、指挥、协调、控制，以达到预期目标的一种自觉的、有组织的活动。本章重点阐释农村经济管理与基本经济制度、农村生产要素组合与配置、农村自然与土地资源管理以及农村经济组织与财务管理。

第一节 农村经济管理与基本经济制度

一、农村经济管理

（一）农村经济管理原则

农村经济管理原则是指人们在对农村经济活动的管理过程中所遵循的法则，包括以下原则：

1. 坚持整体效益原则。农村经济管理的整体效益原则是指农村经济管理追求的是经济效益、社会效益和生态效益相统一的整体效益。坚持农村经济管理的整体效益原则就是要从农村经济和农村社会整体出发，寻找三大效益在不同情况下的最佳组合点，推动农村经济的发展。

2. 坚持民主管理原则。民主管理是相对绝对服从绝对权威的管理而言的，即管理者在"民主、公平、公开"的原则下，科学地传播管理思想，协调各组织各种行为达到管理目的的一种管理方法。农村经济管理必须坚持民主管理的原则。主要体现在村务公开、村级事务的民主决策、村民民主理财等方面。

3. 坚持利益协调原则。我国农村经济管理的利益协调原则，就是要正确处理好国家、集体和个人三者之间的关系，包括全部生产过程的生产、分配、交换、消费环节和人、财、物、产、供、销等方面的关系。也要正确处理好企业与企业之间、个人与个人之间的关系，并协调好不同群体之间的利益。

4. 坚持物质文明和精神文明互相促进的原则。农村经济管理必须坚持物质文明和精神文明互相促进的原则。一般而言，物质文明的主要标志是生产力的发展水平，表现为人们物质生产的进步和物质生活的改善；精神文明的主要标志是科学文化和伦理道德的发展水平，它具体表现为两个方面：一是文化的进步状态，即教育、科学、文化知识的发展；二是思想进步的状态，即人的思想、政治、道德水平的提高。我们强调提高人们的思想境界，使之成为有理想、有道德、有文化、有纪律的劳动者。物质文明和精神文明互为因果、互为条件、互为目的。

5. 坚持责、权、利相结合的责任制原则。责任制原则是农村经济管理工作的一条重要的管理原则。责、权、利相结合是指在经济管理工作中正确划分经济活动的各个方面的责任、权力和经济利益关系的问题，并使各方面密切配合，协调一致。责任、权力、利益三者相互依存、相互制约，密切联系，缺一不可。责、权、利三者结合，责任是前提，是第一位的，权力是实现责任、获得利益的保证，利益则是尽责的动力，只有建立和健全责、权、利相结合的经济责任制度，实现责、权、利三者有机统一，才能提高农村经济管理工作的效率，达到良好的工作效果。

（二）农村经济管理方法

农村经济管理方法是指在农村经济管理工作中，管理者执行管理职能和实现管理任务，运用各种旨在保证经济活动朝着预定方向发展的手段和措施的总和。依据其内容和作用不同分为行政方法、经济方法、法律方法和思想政治教育方法。

1. 思想政治教育方法

思想政治教育方法是指通过对劳动者的思想教育和政治培训，以提高劳动者的工作积极性，从而保证经济管理工作的顺利进行所采用的方法。思想政治教育的内容包括：对党的路线、方针、政策的教育和形势教育，建设社会主义精神文明的教育，民主、法制和纪律的教育，爱国主义和国际主义教育等。

2. 行政方法

行政方法是指管理主体运用行政权力，按照行政层次，通过各种行政命令、指示、决议、规定、指令性计划和规章制度等手段，直接控制组织和个人的行为，以保证管理目标实现的方法。管理主体是指国家在乡村设立的各级经济管理机关。管理主体在行使行政手段时，必须依照既定的行政法规，针对特定的和具体的事项，做出必要的决定和处理。

3. 经济方法

经济方法是指按照客观经济规律的要求，依靠经济组织，运用经济手段，对经济活动进行管理的方法。经济组织是根据生产力水平和社会分工，按照社会需要与技术经济联系的要求建立起来的，如企业、专业公司、联合企业以及银行等组织机构。经济手段是指运用价格、税收、信贷、补贴、工资、奖金、罚款等经济杠杆以及经济合同、经济责任制、经济核算等经济措施。经济方法的实质，在于贯彻社会主义物质利益原则，正确处理国家、企业、劳动者个人三者的关系，从而使企业和劳动者从物质利益上关心劳动成果，充分发挥其积极性。

4. 法律方法

经济管理的法律方法是指动用各种经济法律、法规和经济司法工作，调整国家机关、企事业单位和其他社会组织之间以及它们与公民之间在经济活动中所发生的各种经济关系，以保证社会经济活动顺利发展的方法。法律方法的基本特点是权威性、规范性、强制性、稳定性。用法律方法管理经济包括两方面内容，即经济立法和经济司法。经济立法解决经济管理过程中有法可依的问题。经济法是我国法律的重要组成部分。但要做到有法必依、违法必究、执法必严，还必须要有经济司法。经济司法，通常是指国家的司法机关按照经济法律和法规，按照法定程序和制度，解决经济纠纷、审理经济犯罪与涉外经济案件的执法活动，它通过各种侦察、调解、仲裁、起诉和审判的手段来保证各种经济法律和法规的实施。

上述各种管理方法既有区别，又有联系，在农村经济管理工作中，要因时、因地、因情选择，而不能孤立的使用，必须要将各种管理方法有机地结合起来，相辅相成，实现最佳的结合，才能促进农村经济的协调持续发展。

二、农村基本经济制度

我国农村基本经济制度是指以家庭联产承包为主，统分结合的双层经营制度，又称农村家庭承包经营制度。

（一）农村家庭联产承包制

农村家庭联产承包制是指农户以家庭为单位向集体组织承包土地等生产资料和生产任务的农业生产责任制形式，其基本特点是在保留集体经济必要的统一经营的同时，集体将土地和其他生产资料承包给农户，承包户根据承包合同规定的权限，独立做出经营决策，并在完成国家和集体任务的前提下分享经营成果。一般做法是将土地等按人口或劳动力比例根据责、权、利相结合的原则分给农户经营，承包户和集体经济组织签订承包合同。这一经营制度没有改变农村土地的集体所有制，只是改变了农村土地的经营方式，符合生产关系一定要适应生产力发展的规律要求，符合农业生产自身的特点，符合我国农村经济发展的现状，也有利于推动我国的农业现代化。家庭承包经营责任制是我国农村经济制度的基础，也是农村集体经济组织经营方式的基础。家庭承包经营责任制和集体统一经营相互依存，构成了农村集体经济组织内部的双层经营体制，其中，家庭承包经营是基础。

家庭联产承包责任制是农村经济体制改革的产物。农村家庭联产承包责任制不是一般企业中的生产责任制度，也不是一个单独运行的经济实体，它是与合作经济中统一经营部分结合运行的一个经营层次，它是一个新的经营制度，是生产关系的重大变革，具体表现在以下方面：

1. 农户通过承包土地，对集体所有的土地有了占有权、支配权、使用权。家庭承包经营后，仍然保持着土地的集体所有制，农户所获得的仅是土地的经营权。善于经营的农户，可以在这个基础上积累资金，兴办企业，购买大型生产资料。但是土地的集体所有制保证了任何一户农民都有权承包土地，农户在其经营发生困难时会得到集体的帮助，使其得到发展。为了经营承包地农户还购买了大量的工具、肥料等生产资料。合作社的生产资料所有制由过去的单一的集体所有，改变为集体所有和家庭私有并存的形式。

2. 农户虽说是集体经济组织的承包单位，但它已具有法人地位，是具有经营决策权的独立经营、自负盈亏的生产者，是具有积累资金和再生产功能的经营实体。但在我国当前的农业生产中，家庭经营也只是集体经济组织的一个经营层次，它受集体统一经营层次的约束。

3.集体统一的经营部分，仍然属于全体社员集体所有。集体内部的各农户之间、集体与农户之间的劳动交换关系，则变成了独立经营者之间的劳动交换关系，是以商品交换的形式代替了直接的劳动交换关系。

4.在分配关系上，随着改革的不断深入，集体统一经营部分除了实行按劳分配，还可以实行按资分配，家庭经营收入则决定于家庭经营成果。因为承包土地时，一般是按人口多少分配承包土地面积，所以经营成果既决定于投入劳动力的数量和质量，又决定于投资的多少。

（二）农村集体经济

农村集体经济是农民按照一定区域或自愿互利原则组织起来，基本生产资料共有或按股份所有，在生产和交换过程中实行某种程度的合作经营、按劳分配和按生产要素分配相结合的所有制经济。发展壮大农村集体经济，需要做好以下方面的工作：

1.优化农村集体经济发展环境。一是要建立和完善农村集体建设用地使用权流转制度，盘活土地使用权；二是要改进征地模式，确保农村集体经济发展空间；三是要建立健全集体经济积累机制。

2.因地制宜，科学决策，以市场为导向选准集体经济的发展道路。要实事求是，采取多种形式；要因地制宜，不搞一个模式，确定不同的发展路子。在发达地区及城市周边，应着力改善投资环境，盘活集体土地，开发工业区，引进外资兴办企业，以工业发展为主，实现工业拉动整个农村经济的发展；在自然条件较差的农区，应根据本地资源与市场需求，进行资源开发型发展，通过培植农业"龙头"企业，推进农业产业化。

3.抓好基层组织建设，为集体经济发展提供组织保证。发展农村集体经济千头万绪，要建立一个强有力的好班子，集体经济才能搞起来。首先，配好配强村级班子；其次，加强对班子成员的培养和教育；最后，进一步完善激励机制，把发展村级集体经济纳入村干部目标责任制的主要内容，作为考核村干部的重要依据。

4. 探索一套好机制。发展壮大集体经济，要在体制机制上创新，在管理制度上完善。一是要大力发展股份制和股份合作制经济；二是要大力发展农民专业合作社；三是要营造一个好环境。

（三）统分结合双层经营体制

统分结合双层经营体制是指家庭分散经营和集体集中经营相结合的一种经营模式。双层经营体制可以分为两个经营层次：一层是"统"，即经济组织对生产经营的统一分配和调节，双层经营中"统"的职能包括生产服务、管理协调、资金积累等功能；另一层是"分"，即家庭分散经营，农户作为拥有独立生产经营自主权的经营单位，它是一种适合中国农村改革需要，推动中国农村经济发展的经营体制。这种经营体制是打破了原来的集体所有、集体集中统一经营的体制之后而建立的一种新型经营体制，它是以家庭分散经营为基础，集体集中统一经营条件下的一种经营体制。这一经营体制与农村原有的经营体制的根本区别在于它具有双层经营的特征。

以家庭承包经营为基础的双层经营体制，"统"与"分"之间存在着相互制约、相互依赖、相互渗透的关系。农村双层经营体制需要进一步完善，以挖掘其内部潜力，使统分结合的优势得到充分发挥。统分结合的双层经营体制，作为我国农村的一项基本制度，是符合我国国情和农业经济发展规律的，其具体完善措施如下：

1. 大力发展集体经济，增强其统一经营的功能。发展壮大农村集体经济是完善统分结合经营体制的关键，发展和壮大集体经济，目的在于更好地为家庭经营服务，促进农民增产增收。在发展集体经济上，思维要超前，路子要宽，但更要因地制宜，宜农则农、宜工则工、宜商则商。

2. 大力推行农业合作化经营。合作化经营是广大农户联合起来从事经济活动的经营形式，它是解决小农户与大市场矛盾的根本途径。实行农业合作化经营，要以家庭经营为基础。采取多种合作形式，一是实行多种生产要素的合作，即实行劳动、资金、生产资料等生产要素的合作；二是实行多个经营环节的合作，包括生产、供应销货、金融、科技、贮运等环节的合作；三是实行多种经营层次的合作，包括本地区合作和跨地区合作等。

3. 实施适度的规模经营。适度的规模经营能有效地克服土地分散、细小的局面，便于大面积的机械化作业，提高劳动生产率。适度的规模经营有利于实现土地、资金、劳动力和技术等生产要素的优化组合，提高农业经营效益。在经济条件较成熟的地区可以试行逐步实施适度的规模经营。

4. 大力推广农业产业化经营。农业生产力发展到一定水平，客观上要求农业内部各公司、农户等经营主体通过合同或其他途径结合成某种形式的经营组织，进行专门化、一体化、社会化的经营服务，通过产、工、销各环节，农、工、商各领域的有机结合，使农业具有产业的系列效应和大规模组织的优势。

5. 合理调整产业结构，积极兴办乡村企业，正确引导农村剩余劳动力充分就业。随着农产品市场竞争的日趋激烈，许多农产品在市场上已经接近或处于饱和状态，消费者对质量提出了越来越高的要求，农产品市场竞争也逐渐由价格竞争转向品质竞争，应根据消费市场对农产品的需求趋势，积极投入人力、财力，开发不同用途的优质品种，来扩大市场的占有份额，增加农民收入。

对双层经营体制的进一步完善是农村经济持续、快速、健康发展的基础，是进一步巩固农村改革成果的关键，是农业生产实现规模化经营的前提，是农村稳定、农民走向共同富裕的根本保证。也只有对农村双层经营体制的进一步完善,才能更好地坚持公有制,充分发挥集体的优越性和个人的积极性,才能更好地发展农业生产,增加农民收入,壮大集体经济,也才能更好地引导农民走向共同富裕的道路。

第二节 农村生产要素组合与配置

一、农村生产要素的组合

农村劳动力、土地、科技、能源、信息、资金和管理等各种资源,在一定时空条件下形成的比例关系构成了一个相互联系、相互影响、相互制约的农村经济资源系统,它是农村各产业生产经营活动顺利进行的基础。而构成农村经济资源系统的各生产要素不仅有量的变化,还有质的不同,所形成的要素间的比例关系和组合关系的结果也就不同。农村经济系统要实现最佳经济效益就必须以尽可能少的投入获得尽可能多的产出。

生产力要素是指劳动者、劳动对象和劳动资料。随着人们认识水平的不断提高和深化,生产要素的外延在逐步扩大,生产要素包括劳动力、土地、科技、能源、信息、资金和管理等。生产要素是相对独立的,不能单独发挥作用,只有把它们按照一定量的比例关系和质的内在联系组合起来,才能生产出具有使用价值的产品。不进行组合,生产要素就不能转化。组合不合理,就会浪费和损失要素资源。

(一)农村生产要素合理组合的意义

生产要素合理组合是指依据科学测定和长期生产实践经验将相关生产要素间量的比例关系和质的内在联系科学合理的组合起来,实现少投入多产出、效益最大化的管理活动。实现农村生产要素合理组合有积极的意义。

1. 能够实现农村各种资源充分利用

农村生产活动的进行，需要利用相应的各种资源，并进行组合。在这个过程中，必然要消耗资源、转化资源。对各种资源的消耗、转化，从经济管理的角度看，应该是以尽可能少的资源消耗、资源占用，取得尽可能多的劳动成果。在一定技术经济条件下，各种资源的数量和质量都是一定的，即各种资源都有量的规定和质的规定，这是相对不变的。怎样把有限的各种资源都利用起来，为农村经济建设服务是需要关注的问题。这就涉及对农村各生产要素的组合要合理，只有农村生产要素组合合理了，才能实现农村各种资源的充分利用。

2. 能够实现最佳的经济、生态和社会效益

衡量农村生产要素组合是否合理的重要标准是能否取得最佳的经济效益、生态效益和社会效益。取得最佳的经济效益、生态效益和社会效益是农村生产要素合理组合的最终目标。在农村经济系统的运行中，只有把各种资源充分利用，并使各种资源进行有效配置，才能实现农村生产要素的合理组合，从而取得最佳的经济效益、生态效益和社会效益。

3. 能够对农村各种资源进行有效配置

农村各种资源包括劳动力、土地、科技、能源、信息和资金等，这些资源单独是无法实现产品生产的，只有将它们进行合理的组合，才能进行产品生产，生产出符合人类需要的产品。而资源的组合是否合理，实质上是指各种资源配置是否有效。农村生产要素合理组合就是要实现农村各种资源的有效配置，从而更好地利用农村各种资源，为农村经济建设服务。

（二）农村生产要素合理组合的条件

生产要素组合的形式多种多样，但合理的组合是有条件的。合理组合生产要素的条件有以下方面：

1. 达到技术经济效果的最优化

衡量生产要素合理组合的标准是技术经济效果的最优化。农村经济活动的进行，不管是农产品生产，还是工业生产或是服务活动，必须就生产怎样的产品、如何生产、生产多少等问题进行决策。决策就需要占有大量的信息。在社会主义市场经济条件下，主要信息包括市场供求信息、同一产品的竞争信息、产品技术进步信息、国际公认的产品技术标准和安全标准等。信息是重要的生产要素，它为微观主体的生产经营决策提供依据。在运用信息进行科学决策后，通过管理活动，把各生产要素由孤立静止状态变成组合运行状态，进而发挥其生产功能，生产出满足社会需要的产品。

任何一种产品的生产，其生产要素的组合方式和数量比例关系是很多的。不同的劳动者，不同数量和质量的机具设备，不同的原料、动力，不同的科技，不同的管理，不同的土地，等等，可以形成若干不同的组合方案。合理的方案必须先是生产技术上可行的方案，即产品的使用价值能够据此生产出来。但仅此是不够的，因为生产技术上可行的方案可能有许多。还应有经济衡量标准，即通过生产要素的合理组合，以尽可能少的要素投入取得最大的经济效益才是最好的方案。经济效益越好，说明生产要素组合越合理。在生产技术可行的基础上实现经济效果最优化，是生产要素组合的技术经济衡量标准。

2. 充分调动劳动者的积极性与创造性

充分调动劳动者的积极性和创造性，是生产要素合理组合的重要前提。因为，先进的生产工具要靠人发明并靠人操作；信息要靠人去收集、分析、利用；管理活动要靠人来决策、执行。在生产力诸要素中，人是起决定作用的因素。要使各生产要素的组合效果最优化，其前提是发挥劳动者的积极性、主动性和创造性。现代管理提出的"以人为中心"的管理理论，就是在充分认识劳动者在生产力诸要素中的主观能动作用基础上形成的一种管理理念。

调动劳动者的积极性和创造性是一个十分复杂的问题。在不同社会制度、在同一社会的不同阶段、在不同的具体工作环境，劳动者的积极性和创造性或被压抑、或被发挥，表现出较大的差异性。如何激励劳动者的劳动热情、调动劳动者的积极性已成为经济学家、社会学家、心理学家、厂长、经理等共同关注和研究的问题。要激励劳动者，促进生产效率的提高，还得使劳动者在一些方面得到改善：工作上富有成就感、工作成绩得到认可和尊重、工作上自立、事业得到发展等。这些方面的改善能够激发劳动者的积极性和创造性，从而提高劳动者的效率。

就农业劳动者而言，适合农村生产力水平的生产经营组织形式、是否尊重农民的生产主体地位和独立的经济利益、农村的方针政策、农产品价格水平、农民的收入水平等，都是影响农民从事农业生产的积极性和创造性的因素。如果这些问题处理得好，农民的生产积极性和创造性就高。只有劳动者的积极性、主动性和创造性被充分调动了，生产要素的合理组合才能实现。生产要素合理组合主要依靠人的主观能动性和创新性。基于这样的认识，便可得出人是社会生产力的决定因素的结论。

3. 促进生产要素的合理流动

生产要素的合理流动是生产要素合理组合的必要前提。社会资源的有限性和对社会资源需求的无限性的矛盾，要求必须发挥资源的最大效益，实现这一要求的基本做法就是在全社会范围内使生产要素合理流动，即一个经济系统所需的资源能够从其他系统流入，一个系统剩余的资源又能够流出，这样才能使社会资源在不同的物质生产部门做到合理配置、人尽其才、物尽其用。

生产要素的合理流动、优化配置，要靠一种机制按照自然规律、经济规律的要求自动地进行有效调节。用怎样的调节机制与一定时期的经济管理体制有关。计划经济体制下，国家采用行政手段，用计划的形式对无所不包的社会供求进行统一安排，据此配置各种生产要素。社会主义市场经济体制是充分运用市场机制对要素资源配置发挥基础性作用，国家调控主要解决市场失灵的要素资源配置问题。市场机制作用的发挥主要是运用市场机制中的价格机制、供求机制和竞争机制，使生产要素从低效益部门、行业、单位流向经济效益高的部门、行业、单位；从市场供求过剩的长线产品流向市场短缺的短线产品。在价格竞争中，经济效益好的部门、行业、单位占有优势，要素资源就会流向这些部门、行业、单位，如土地使用权的拍卖，谁报价高谁就拥有土地的使用开发权。生产要素的合理流动是实现资源优化配置的前提，而市场机制是调节生产要素合理流动的基础。

（三）农村生产要素合理组合的内容

农村生产要素的合理组合不外乎是生产要素与产品之间的组合、要素资源与要素资源之间的合理配比、产品与产品之间的组合、时间因素与生产要素之间的组合等。

1. 生产要素与产品之间的组合

（1）可控要素中的变动要素资源。参与生产过程的要素资源，有些是可以人为控制的。投入的方式、投入的时间、投入的数量可以视需要而定，这样的生产要素称为可控要素资源，如农业生产中的劳动力、种子、肥料、农药等。而气温、阳光、降水等目前人类无法控制的因素，就称为不可控要素资源。在生产中，人们对不可控要素资源的作用只能凭经验、凭知识从概率上把握其估计值，预测其影响范围，并尽量调节可控要素资源，使之与不可控要素资源协调起来，因势利导，扬长避短。在生产中，可控要素资源又有一个组合方式和量上的配比。

可控要素资源的组合方式和量上的配比，取决于人们的生产技术和经验，技术和经验不同，组合方式也不同。在技术一定的条件下，对部分生产要素的投入量、投入方式已基本固定的情况下，只需考察其他几种或一种生产要素变动对产量的影响，就可以得出期望的结论。在进行技术经济分析时，为了使问题研究简化，常将一些要素资源投入量人为控制在某一固定水平上，而将少数几种要素资源视为变量进行研究，这些要素资源就称为可控要素资源中的变动要素资源。

（2）变动要素资源投入报酬的变化规律。因为固定要素资源投入量是不变的，也就不存在其对产量的影响。这里只要研究变动要素资源投入量的变化对产量的影响，就可以确定变动要素资源与固定要素资源的合理配比，获得技术经济效果最优时的变化要素资源投入量。研究变动要素资源与产量之间的数量关系，寻找变动要素资源投入报酬的变动规律，往往使用一种动态分析的方法，即让变动要素资源的投入量从平面直角坐标原点或是某一定量开始，每增加一个单位变动要素资源看产量相应增加（或减少）多少，从中找出投入产出关系的规律性，这种分析方法叫作边际分析法。每增加一个单位变动要素资源而增加或减少的产量称为边际产量，也称为边际报酬。将变动要素资源依次追加下去，可依据边际产量的变化情况看到变动要素资源报酬的变化趋势。

变动要素资源报酬有三种变化情况：一是边际产量不变，说明要素资源利用效率是固定的，不因投入量的改变而发生变化；二是边际产量递增，说明随着投入量的增加，要素资源效率提高；三是边际产量递减，即变动要素资源的不断投入反而引起产量出现递减。掌握变动要素资源的报酬规律，可以使我们以合理的变动要素资源投入获得最佳产品的产出量。

2. 要素资源与要素资源之间的合理配比

（1）互补要素资源与互竞要素资源。若两种或多种要素资源必须以固定比例才能投入生产过程，则称它们是互补要素资源。如果单独的增加其中某一要素资源或不能按比例同时增加与之互补的要素资源，产量就不可能提高，甚至会出现减少。有些资源功能相近，可以互相替代，如畜牧养殖业中的饲料，可以是玉米，也可以是小麦，那玉米和小麦则称为互竞要素资源。对互补要素资源必须准确地掌握它们的配合比例；对互竞要素资源，就应进行费用、效益比较，选用那些价格低、效果好的要素资源。

（2）互竞要素资源最小成本配合。互竞要素资源是指一种产品生产，既可以使用甲要素资源，又可以使用乙要素资源，甲、乙两种资源则称为互竞要素资源。功能相近的要素资源可以互相完全代替或部分代替。在互竞要素资源中，从要素资源的完全代替看，有些要素资源之间的代替比率是固定的；从要素资源不完全替代看，有些要素资源之间的代替率是变化的。在要素资源的选择上，主要依据其价格和使用的数量进行对比，选用成本低的要素资源。

3. 产品与产品之间的组合

（1）产品与产品间的关系。产品间的关系大体上可分为四类：①联合产品，是指不能单独生产，而必须在生产其他产品的同时生产出来的产品，如牛肉和牛皮就是联合产品；②互补产品，是指在要素资源数量既定时，增加甲产品的产量，而乙产品的数量仍保持不变，这两种产品即为互补产品，如利用竹林种植蘑菇，并不影响竹生长；③互助产品，是指以定量要素资源分别生产两种产品时，增加某一产品产量，另一产品产量同时也增加，这样的产品称为互助产品；④互竞产品，是指要素资源量一定时，增加甲产品的生产量，就必须要减少乙产品的生产量，则甲、乙两种产品称为互竞产品。研究产品与产品的组合，重点是研究互竞产品使用要素资源合理配比。

（2）互竞产品的要素资源分配。在要素资源供应不足时，如何将定量要素资源分配于互竞产品是需要考虑的问题。通过边际收益均等原理，若将某项资源从甲种产品生产部门转到乙种产品生产部门时，只有当乙种产品生产部门边际收益高于甲种产品生产部门的边际收益时，这样的转移才有经济意义。

4. 时间因素与生产要素之间的组合

农村生产要素的合理组合，不仅是一个要素资源与产品之间、要素资源与要素资源之间在数量上的配比问题，而且与时空关系也十分密切。讲求生产要素组合的时间效益与空间效益，这是社会经济发展的客观要求。

（1）积储性要素资源与流失性要素资源。在生产过程中，有的要素资源能够直接转移到产品中，成为产品的构成要素，生产过程结束后，要素资源的实体消失。如果不利用，便可储存到下一个生产周期使用，其使用价值并不因此而改变，这样的要素资源称为积储性要素资源，如原料、燃料等。有的要素资源只能以其功能为生产服务，其功能价值是和时间因素结合在一起的，即随时可供使用，但如果不及时利用，闲置时间内服务功能则随时消失，这样的要素资源称为流失性要素资源，如劳力资源、信息资源等。劳动力闲置和利用不合理、浪费掉时间再也无法补回，信息具有时效性。对流失性要素资源，要注意提高利用率，避免流失性要素资源因利用不及时而浪费掉。

（2）资金的时间价值。资金的时间价值即使用资金所花费的成本，通常表现为支付的利息。转让资金必须得到一定的利息补偿，而取得资金的使用权必须支付一定的利息。在生产过程中，要素资源的过多占用、投资方案的不合理，都会导致资金的过多占用而多支付利息，造成效益不好。合理占有使用资金，减少利息支出，提高资金使用效益对生产经营活动有十分重要的现实意义。

（3）生产周期与可变产品最佳生产周期的确定。在生产过程中，有些产品的生产周期由于自然或技术的原因,其生产周期是固定的,如粮经作物生产的季节性,人们不能随意改变。生产经营者要获得经济效益最大化,必须从再生产的角度注意缩短生产周期、加速资金流转,以单位时间纯收入最大为目标,在一个较长时期内多生产产品,以获得更大的效益。

二、农村生产要素的配置

社会经济发展的一定阶段,相对人们的需求而言,资源总是表现出相对的稀缺性,从而要求人们对有限的、相对稀缺的资源进行合理配置,以便用最少的耗费,生产出最适用的商品和劳务,获取最佳的效益。资源配置合理与否,对一个国家经济发展的成败有着极其重要的影响。在社会化大生产条件下,生产要素的配置有两种方式:一是计划配置方式,即计划部门根据社会需要和可能,以计划配额、行政命令来统管生产要素和分配生产要素;二是市场配置方式,即依靠市场运行机制进行资源配置生产者根据市场上的供求关系及产品价格信息,在竞争中实现生产要素的合理配置。

(一)农村生产要素配置的原则

要使农村生产要素的配置具有良好的经济效益、社会效益和生态效益,应该坚持以下原则:

1. 满足市场需求的原则。在商品经济条件下,市场需求与价格信号反映各个需求层次的需求程度,供给者按市场需求进行生产经营。供给的背后是生产要素配置,供给能满足需要,从一个侧面反映了生产要素配置是合理的。如要满足市场需求,形成合理的农业生产要素配置,就必须动员各方面的力量,加大对农业的投入。

2. 节约资源,讲求效益的原则。发展社会主义农村经济,从生产力方面来分析,无非是对各生产要素的利用。生产要素的利用只能是通过合理配置和有效利用来使用农村各生产要素。只有节约资源，才能从物质形态上增加社会财富，从价值形态上提高资源利用的经济效益。

3. 保护资源，保护环境的原则。生产要素的配置总是在一定的环境下进行的，其配置的状况会直接影响环境。在农村经济活动中，一些物理性质、化学性质、生物性质的生产要素，如果违反它们的特殊要求去配置，则可能破坏生产经营环境，使生产要素的数量减少、品质下降。社会主义生产是一个不断扩大再生产的过程，需要更多的生产要素，要求提高生产要素的品质。但是，生产要素是不会自动增多的，其品质也不会自动提高，必须在再生产过程中、在生产要素合理配置中加以保护。换言之，生产要素的合理配置是以保护资源、保护环境为前提的。只有这样，才能使可利用的生产要素数量增多、品质变好。

4. 因地制宜、流动开放的原则。农村商品经济发展的实践证明，一个狭小的地域不可能拥有全部自己所需要的生产要素，也不可能把自己全部现存的生产要素在本地域内合理利用，而必须通过市场和横向经济联系引进或输出必要的生产要素，用社会化方式来配置自己所需要的生产要素，使各生产要素处于高度的互补互助状态，在完全的开放流动中实现农村生产要素的合理配置。

（二）农村生产要素配置的优化

1. 激活生产要素

激活生产要素，就是通过建立新的机制，使原来处于闲置状态的生产要素活跃起来，从而创造价值，产生效益，其主要形式如下：第一，加强生产经营管理。通过加强生产经营管理，使活力增强、成本下降、竞争力提升、效益提高。第二，置换生产要素。置换生产要素即以闲置的生产要素换取自己紧缺的生产要素，激发活力，提高效益。第三，资产重组。资产重组即把分散在不同配置中的生产要素拆散开来重新组合，形成新的生产能力。

2. 引进生产要素

引进生产要素，就是从外界输入某些生产要素，优化经济发展所需的生产要素配置，推动经济良性发展，具体包括以下形式：

（1）引进稀缺要素。生产者在产品生产、产业发展过程中，往往自身只具有某些生产要素，缺乏别的生产要素，因而必须依靠引进，才能使生产、经营活动运转起来。

（2）补足加快发展和扩大经济规模所需的各种生产要素。由于物质形态的要素均可由货币资本转换而来，因而补足要素常体现为引进资金，体现为各种投资、贷款、援助、财政转移支付等。改革开放40多年以来，我国经济发展取得了令人瞩目的成就，其中实行对外开放，大量引进外资功不可没。

（3）通过商品进口减少对稀缺生产资源的依赖。对自身需要较少且生产要素稀缺的商品，则可以通过进口的办法，降低生产成本，提高生产要素的配置效益。

3. 输出生产要素

输出生产要素，就是将生产者自己的生产要素输出，盘活闲置生产要素，产生新的经济效益，主要形式如下：

（1）输出劳务。一些地区由于缺乏资金、技术、经营管理人才，甚至缺乏自然资源，引进生产要素又较为困难，而大量劳动力又无法与生产资料结合并形成生产经营活动。发展经济最为直接和有效的一个途径，就是把富余劳动力从本地区转移出去，与其他地区的生产要素结合，创造新的经济价值，提高经济收益。

（2）输出管理和技术。在管理和技术方面积累了一定优势的农村，可以通过开展经济交流与合作，输出管理与技术，与外部的劳动力、资本、土地等要素进行配置，或弥补自身在劳动力、资本、土地要素上的不足，或利用别人较为廉价的物质生产要素，获取更高的经济效益。

（3）输出生产资料。将富余或暂时闲置的、一时难于派上用场的生产资料，以及具有竞争优势的生产资料输送出去，从而创造价值，获取收益。

第三节　农村自然与土地资源管理

一、农村自然资源的管理

农村自然资源主要包括以下方面：由光照、温度、降水等因素构成的气候资源；由降水、地表水、地下水构成的水资源；由地貌、土壤肥力、土壤植被等因素构成的土地资源；由各种动物、植物和微生物构成的生物资源；由各种可开采矿物组成的矿产资源；由自然景观人文景观组成的旅游资源；以及农村能源等。为了维护良性循环的生态系统，使农村生产生活与自然环境的关系实现和谐，必须对自然资源进行管理。

（一）农村自然资源管理的特点

1.农村自然资源管理必须因地制宜。我国地大物博，农村在自然资源管理上，需要突出当地的重点，需要采用不同的方法。西北地区日照强，但降水少，有效利用水资源常常是农村发展的重点；山区矿产资源丰富，合理开发利用矿产资源往往关系到农村的发展；南方生物资源丰富，农村特别需要利用好当地丰富的动植物资源；沿海台风频繁，防灾成为发展的重要环节。即使在同一个地区，各村的自然资源也有很大的不同，在管理中需要根据本村的条件突出重点。

2.农村自然资源管理需要通盘考虑。在自然资源管理中，除了考虑利用自然资源带来的对本村的影响和变化外，还要考虑对周边农村和城市，以及对整个生态环境系统的影响。如为了防范沙尘暴，国家启动了三北防护林工程，要求三北地区的农村发展要与国家防护林建设等工程结合起来；青海三江源地区是长江、黄河的源头，这一地区的农村发展要以生态涵养、水源涵养为主。农村自然资源管理中除考虑当地生产与生活外，还要考虑国家的要求和利益，要承担更多的责任。

3.农村自然资源管理需协调各种关系。我国多数农村人多地少，在自然资源利用时常常涉及各方面的利益关系，除了村民间的关系外，还常常需要协调与周边农村的关系。如我国北方不少地区水资源短缺，对用水量的调配往往涉及各方面的关系，村与村之间水的分配、村内水的分配等都是关系村民切身利益的重大问题，管理者需要有处理这些关系的能力。农村开采矿产资源，有时也会涉及几个地区之间的关系，处于河流不同地段的农村有时还需要解决上下游产生的污染等问题。在部分农村，协调各种关系常常成为自然资源管理等的重点和中心。

（二）农村自然资源管理的内容

自然资源管理是农村经济管理者采取一系列手段对自然资源的开发、使用、治理和保护所进行的有效控制或干预，使其得到合理利用的过程，主要包括以下工作：

1.掌握自然资源的信息。有效和正确的管理需要建立在全面、准确、详细的掌握相关情况的基础上。农村经济管理者虽然长期生活和工作在当地，对本地资源有一定的了解和认识，但要认识多年的气象资料、周边的水文资料与地质条件、当地的动植物资源详情和微生物资源、当地的矿产资源的全面情况等，不花费一定的精力是不可能做到的。特别是农村经济管理者除了掌握本地的情况外，还要了解本村自然资源在市场条件下的竞争状况。掌握自然资源情况，既需要农村经济管理者的努力，也需要长期的资料积累，还需要建立制度。

2. 统一自然资源管理的目标。对村中的自然资源，不同的人从不同的角度会有不同的认识。为了用好农村的自然资源，需要统一全村利用自然资源的目标，保持相对一致的行动。为使农村长期持久发展，要统一把对自然资源利用的目标建立在农村长期可持续发展的基础上，切不能只考虑短期的收益和眼前的利益。

3. 制定自然资源利用的规划。在市场经济条件下，农村对自然资源的利用既要考虑本村的能力，又要考虑市场的需求。要将两方面结合起来，需要较长时间的努力，需要有周密的安排。需要在农村规划工作中考虑自然资源的开发和利用，通过基础设施的建设、科学技术的引进，以及各方面条件的创造，提高农村对自然资源的利用能力。

4. 加快科学技术的进步。我国农村经济和社会要持续发展，加上人口的增长等，农村人均自然资源的数量会不断减少。在人均自然资源减少的同时，一方面要提高生产和生活的水平；另一方面要保持良好的生态环境。要实现上述两方面的目标，沿用传统的方法是不可能的，需要加快科学技术的进步，不断提高农村利用自然资源的水平与能力。

5. 争取和利用好国家投资。为促进农村发展，对农村中的农业生产、水利设施建设、植树造林、水土保持、新能源开发、环境和生态保护等投资力度要加大，需要更好地争取和利用。

二、农村土地资源的管理

（一）农村土地资源管理的原则

土地作为重要的生产资料，需求日趋紧张。为了保证农村经济社会的持续发展和农民的切身利益，应坚持以下原则：

1. 因地制宜的原则。土地利用受自然规律和经济规律的支配，土地利用布局的形成和调整同样也受自然因素和经济因素的支配和影响。自然条件和经济社会条件的空间分布存在明显的地域差异，土地利用也就存在着地域性特点，因此要全面分析农村土地的自然条件和经济社会条件，找出区域内土地利用中的优势和不利因素，进行农村土地的利用规划布局与管理。

2. 持续利用的原则。土地利用的持续性，可以认为是人地关系的协调性在时间上的扩展，这种协调性应建立在满足人们的基本需求和维持土地系统的生态性要求上。在进行农村土地资源管理时，要立足于土地资源的持续利用和生态环境的改善，保证农村经济社会的持续发展，谋求生态、经济、社会的协调统一与同步发展，以实现土地资源利用的整体优化。

3. 优先耕种的原则。耕地保护是我国的一项基本国策。所以在进行土地资源管理中，应坚持优先考虑农业生产用地。在管理农业用地时，应坚持优先考虑耕地的原则，在充分考虑土地适宜性的基础上做出选择。

4. 专业化生产原则。农业生产专业化就是要求以单位土地面积上可能获得的纯收益作为分析手段确定农业的专业化方向，而不是像传统的农业布局理论只考虑距离的因素。所以在进行农村土地资源管理时，应充分考虑地区间的比较利益，建立合理的地区农业分工体系。

（二）农村土地资源管理的重点

1. 制定切实可行的农村土地利用规划。制定切实可行的土地利用规划，有利于提高土地利用率，合理集约用地，保持农村经济的持续发展。掌握农村土地的利用情况，在充分听取和采纳群众意见和建议的基础上，做到整体有序地规划利用土地资源。制定年度土地利用计划和村容整改计划，立足现有土地资源，对闲置房屋或者闲置土地，在征得农民本人同意的前提下进行拆除或改建，并在符合年度总体用地计划的前提下，引进一些有发展前景的项目，以增加农民的收入。

2. 严格控制乱占耕地和对耕地的不合理利用。耕地的保护对提高粮食产量，保障农业生产，增加农民收入具有重要意义。应该大力保护农田和耕地，严格限制盲目圈地划地、违规挖建鱼塘等破坏耕地的行为。要实行最严格的耕地保护制度，完善农村集体土地产权制度，保护农民群众的土地权益，充分调动广大农民保护耕地的积极性；要建立和完善耕地保护目标责任制，实行建设占用耕地与补充耕地的项目挂钩制度，推进耕地储备制度的建立；要合理确定各项非农业建设用地的规模和布局，扩大建设用地规模，以保证耕地的总体面积，提高土地利用率。

3. 规范和完善农村土地补偿制度。规范和完善农村土地补偿制度，要建立能够全面、真实反映土地资源价格、资本价格和社会保障价格的科学的地价评估体系，为土地征用补偿提供价格依据。对征用农村土地的补偿，要充分考虑农村集体经济组织和农民的土地发展补偿、未来收益补偿、社会保障补偿，以及劳动力的安置等因素，严格执行政府统一征地制度和征地费用标准，确保被征地农民依法获得合理的补偿和有效的安置。要公开征地程序、补偿安置费用标准及使用管理情况，严格实行土地征用公示制度和听证制度，保护农民的合法权益。

4.健全有效的农村土地流转机制。明确农民的主体地位,是建立"平等协商、自愿有偿"土地流转机制的关键。土地流转应由农民自主决定,不应强迫、阻碍农民依法流转承包地。要在追求规模效益的前提下,建立健全有效的土地流转机制,加快推进农村土地的集约化适度规模经营。要以市场为导向,坚持多样化的土地流转形式,因地制宜,推进农村土地的有序流转。

5.预防地质灾害。地质灾害对土地的破坏是极为严重的,要加快对开矿的整顿工作,确保科学合理开矿,保护植被和自然生态环境。加强对地质灾害知识的普及和教育,使农民群众增强科学意识,合理用地。完善地质灾害的检测体系,为新农村建设提供有效的地质服务。

第四节 农村经济组织与财务管理

一、农村经济组织管理

(一)农村集体经济组织管理

农村集体经济组织是以土地为中心,以农业生产为主要内容,以行政村或村组为单位设置的社区性合作经济组织。农村集体经济组织作为我国农村一种最普遍的合作经济组织,在保障农民家庭经营发展和促进农业发展方面做出了巨大的贡献。农村集体经济组织建设要以尊重农民意愿为前提、以村集体经济发展现状为基础、以发展壮大集体经济实力为目标,积极探索适合农村集体经济发展的组织形式。

1.探索创建新的农村集体经济组织形式

(1)明确界定集体经济组织成员与非成员。集体经济组织成员是参加集体分配的基本条件，集体经济组织成员资格的界定是：组织成员的户籍关系应当登记在本村，并执行本集体经济组织成员的村民会议、农户会议或村民代表会议决议，履行成员应尽义务；按国家户籍管理规定本人及其子女落户地有两处以上选择、成员资格有争议的，经本集体经济组织成员的村民会议、农户会议或者村民代表会议讨论，应到会人员的2/3以上同意接收、确认其为本集体经济组织成员。集体经济组织内部按人口平均发包土地、分配土地收益以及进行其他集体分配时，遇成员结婚或者其他情况，按国家户籍管理规定只能将本人及其子女户籍关系登记在本村的，应确定为户籍所在地集体经济组织成员。

（2）根据各村集体经济实力建立不同的集体经济组织形式。①对经济实力雄厚、人均耕地面积较少的村，可以试行股份合作制改革，在清产核资的基础上，建立农村股份制经济合作组织，根据村经济合作组织成员的人口、劳动贡献等因素，把货币资产和固定资产量化到人，组建管理和经营机构，实行公司化运营、企业化管理，按股分红，确保村集体资产保值增值；②对集体经济实力较好的村，要建立独立于村民委员会之外的农村集体经济组织，充分发挥农村集体经济组织的管理和服务职能；③对经济实力薄弱的村，一般继续沿用目前由村党支部或村民委员会代行村集体经济组织职能的组织形式。

2. 加大农村集体经济体制的改革力度

改革农村集体经济管理体制，划分村集体经济组织与村委会的职责，明确村委会出资所有权与村办企业法人财产权的关系，实现集体资产收益与村组织收入分账管理。积极推进产权制度改革，按照"归属清晰、权责明确、保护严格、流转顺畅"的原则，逐步建立农村集体经济的现代产权制度。在产权构成上，既可以由劳动群众共有，也可以由劳动者按股份所有。在分配方式上，鼓励各种生产要素参与分配。强化资产管理和资本经营，对村集体经济组织的存量资产,在留出一定数量的社会保障资金后,可以量化到集体经济组织的成员中。

3. 加强农村财务民主监督和审计监督

进一步规范和完善村务、财务公开制度,特别是一些集体经济收支行为较多的村,要建立村级财务审计制度,对主要村干部实行经济责任审计。实行民主决策、科学决策制度,重大事项必须由村民大会或村民代表会议一事一议。建立民主理财制度,对集体经济组织的财务收支活动实行民主监督和管理。民主理财小组接受镇(乡)农经站的指导,有权审查集体的各项收支并否决不合理开支,有权检查监督集体经济组织的各项财务活动,有义务协助镇(乡)农经站对集体财务工作进行审计。农经站、审计监督部门要切实加强对村级财务的审计监督,以经常性审计、专项审计和干部离任审计为主,对镇(乡)、村干部任职期间违反规定给集体造成损失,或群众反映强烈的农村集体财务管理问题应进行重点审计。

4. 探索农村集体经济发展的新道路

进一步巩固和完善以家庭承包经营为基础、统分结合的双层经营体制。在提升家庭经营的基础上,充分发挥集体统一经营优势,加强民主管理,理顺分配关系,增强发展活力。积极发展股份合作制经济,把农民劳动合作与社会资本、技术、管理合作结合起来,把土地、山林资源优势与商品开发结合起来,通过对传统集体经济进行股份制改造、新办经济实体,优化生产要素配置,盘活存量,引进增量,不断提高农村集体经济实力。大力发展新型合作经济,引导村集体与基层农技组织、基层供销社、农业龙头企业、专业大户等开展合作,发展技术指导、信息传递、物资供应、产品加工、市场营销等各类专业合作社、专业协会和专业中介组织,实现农村集体经济向多层次、多领域延伸和扩展。

5. 营造发展农村集体经济的良好环境

采取有效措施化解乡村不良债务。要全面清理乡村各种债权、债务和担保金额，对清理出的不良债务要通过多种途径有效化解。对村集体因发展社会事业产生的债务，区、镇（乡）财政要在全面清理的基础上，筹集一定数额的资金，有计划的分期偿还。改变忽视集体资产管理和部分资产闲置的现状，积极清收历史欠款，严格控制非生产性开支，把经营情况列入公开的范围，接受集体监督，确保管好、用好资产，防止流失并实现保值增值。兴办各种公益事业和企业要量力而行，村集体未经村民代表大会或村民大会讨论通过，不得举债建设新项目、新办企业和经济实体，坚决制止新的不良债务产生。

6. 加强发展农村集体经济的组织领导

要建立领导干部发展农村集体经济帮扶责任制，把发展壮大农村集体经济作为衡量镇（乡）党政领导政绩的重要内容，定期检查、严格考核。强化农村经济经营管理部门职能，加强对农村集体经济发展的具体指导服务。有关职能部门要紧密配合，为发展壮大农村集体经济提供有效服务，认真解决好集体经济发展中的难点、热点问题。

7. 制定农村集体经济发展总体规划

要把发展壮大农村集体经济纳入当地经济社会发展的总体规划，在深入调查研究的基础上，因地制宜地制定集体经济发展规划，明确发展目标和主要任务，选准发展路子。要认真分析每一个村的发展条件，把扶持的重点放在集体经济发展薄弱村上，按先易后难的顺序加快集体经济发展。规划中要突出重点行业和领域，把发展重点放在为农户做好产前、产中、产后服务；以特色优势农产品为重点，以优质化、专用化、品牌化为主攻方向，发展"一村一品、一村一业"；发展农业龙头企业，重点发展特色农产品加工业和旅游观光业。

8.加强农村基层组织建设与发展

要切实加强以村党支部为核心的农村基层组织建设，发挥党支部的战斗堡垒作用，形成在村党支部领导下，村委会和村集体经济组织合理分工、各负其责、相互配合的组织管理体系。积极把愿意为群众办事、符合党员条件的农村致富能人吸收到基层党组织中来，发挥他们的带动作用。建立村干部定期培训制度，重点抓好思想政治培训、政策法规培训、经营管理技能培训，不断提高村干部带领农民发展集体经济的能力。

（二）农民专业合作经济组织管理

农民专业合作经济组织是农村经济体制改革中涌现的新生事物，是指农民以某一农业产业或农产品为纽带，以中间组织成员的收入为目的，有同类产品的生产者、为该生产经营各环节服务的提供者和利用者，自愿联合、自主经营、民主管理、自我服务的一种自主性和互助性相结合的合作组织。

1.坚持原则与多种形式发展

在发展农村合作经济组织必须坚持"民办、民管、民受益"的基本原则以及形式多样、群众自愿、循序渐进、因地制宜、逐步发展的原则。在组建形式上，要依靠农民，动员社会各方面的力量参与发展农村合作经济组织，农村党员干部应成为发展农村合作经济组织的带头人。在实践中，可以完全是农民自办，也可以是国家技术经济部门、事业单位与农民联办，还可以是涉农企业、公司与农民联办。在服务内容上，可以是单项的，也可以是多项的。可根据实力逐步扩大服务领域，举办服务和经营实体。在发展模式上，可以是合作经济组织办龙头企业，也可以是龙头企业办合作组织，或者是采用"公司＋专业合作社＋农户"的模式。条件成熟的地方，可以运用股份合作机制，发展跨所有制、跨地区的多种形式的联合与合作，进而逐步形成上下贯通、纵横交织的合作经济组织体系。

2. 统筹规划与突出重点

围绕农村发展的实际，突出资源和产业优势，逐步建立健全各类专业性合作组织，重点发展专业合作社。一是围绕搞活流通，解决农民买难卖难问题，引导农民重点发展各种购销专业合作经济组织；二是围绕加工增值，提高农业的比较利益，建立各类加工型合作经济组织；三是围绕推进农业科技化，提高科技含量，发展各类专业技术协会、研究会等。

3. 做好试验示范与典型引路

要以农业结构战略性调整为契机，通过典型示范，以点带面，稳步推进。选择部分村进行农村合作经济组织建设规范试点，积累经验，探索路子，推动面上工作。要善于从现有合作经济组织的实践中认真总结经验，特别要认真总结建立和完善专业协会、专业合作社内部组织制度、民主管理制度和利益分配制度的经验。在此基础上，制定地方性的"合作经济组织示范章程"。合作经济组织还要理顺与乡村合作社、供销社及其他中介组织的关系。

4. 转变职能与加大扶持力度

各级部门要转变职能，优化环境，努力做好服务；要支持而不要干预，更不要包办代替合作经济组织的生产经营活动；要总结典型，加大宣传力度，积极引导，增强广大干部参与发展农村新型合作经济组织的自觉性和积极性；要加强对农民和企业的培训和教育，使他们提高组织化程度的自觉性，帮助他们成立和经营好农村合作经济组织；尽快出台发展农村合作经济组织的指导性意见，要确定农村合作经济组织的合法地位，在登记注册和法人管理上予以扶持和帮助；要制定扶持政策，在财政支付、税收、贷款等方面，扶持壮大农村新型合作经济组织。

5. 规范强化与指导监督

按照市场经济运行规律，坚持"民办、民管、民受益"的原则；坚持因地制宜、不拘一格、灵活多样的办社原则；坚持开放性的原则，可以在社区范围内兴办，也可跨社区兴办，可以在行业内兴办，也可跨行业兴办。管理部门在积极引导的同时，要依据有关政策、法律、法规，规范其生产经营行为，加强审计监督，以保证农村专业合作经济组织健康发展。

6. 规范内部管理制度

建立健全民主管理、民主监督、财务管理、利益分配等各项规章制度，引导其走向规范化、法制化的管理轨道。由单纯的技术服务、农产品收购向物资供应、产品加工、储藏、销售等综合服务转变，不断拓宽服务领域。入社会员同农民专业合作社的关系由开始时的"松散型"向"紧密型"转变，把农民专业合作社发展成与农民"利益共享、风险共担"的经济利益共同体，逐步实现：①建立自我完善和自我发展机制，处理好服务与盈利的关系；②建立利益分配机制，做到风险共担、利益共享；③建立科学民主的管理机制，完善规章制度，明确会员的权利、义务和议事规则，真正做到"民办、民营、民管、民享"。

（三）农村股份合作经济组织管理

农村股份合作制是在农村原有合作制基础上，实行劳动者的资本联合，把合作制与股份制结合起来的具有中国特色的农业生产组织制度。农村股份合作制组织中的农民具有双重身份，既是劳动者又是股东，因而既能实现劳动合作与资本合作的有机结合，又能实现劳动集体的共同占有和劳动者的个人占有的有机结合，既能继承合作制优点，实现规模经济，又能融入股份制长处，调动各方面的积极性。

股份合作制是我国农村改革和农村商品经济发展到一定阶段的必然产物，由于它有着广泛的适应性，所以易于被广大农村干部群众所接受，由于效益好于其他产权模式，不少地区将它作为乡镇企业产权改革的主要形式，寄希望通过引入股份合作制进行乡镇企业的第二次创业。对股份合作制所采取的总的方针应当是：扶持与引导并举、发展与规范并举。

1. 加强宣传教育工作。通过电视、广播、报纸、墙报等多种形式，大力宣传股份合作制，实行股份合作制的必要性、可行性，营造一种有利于股份合作制发展的舆论环境。向广大干部群众讲清楚，股份合作制是个人所有制的联合，是完善双层经营体制的一种新型经济组织形式，它只与社会生产力发展水平有关，与私有制或者公有制没有必然的对应联系；实行股份合作制可以调动各方面的积极性，促进生产要素优化组合，提高经济效益，最终使国家、集体、个人各方面都得到好处。要积极稳妥地进行试点和推广工作，通过典型经验让农民切身感受到股份合作制的优越性，引导农民组建股份合作企业。

2. 因地制宜，充分尊重农民的自主选择，积极稳妥地发展农村股份合作制。各地应当根据股份合作制产权组织和经营形式的适应性和局限性，以及不同地区经济发展水平、企业规模等具体情况实行一厂一策，灵活采用股份制和合作制的各种合理成分。在股份合作制的推广中，要做好分类指导工作，防止股份合作制走形变样。尤其是对农民办企业，不能强求一律，更不能将农民财产任意归并，而只能是引导、示范。

3. 科学合理地设置各种股权，明确产权，弱化集体对企业的控制。取消企业股，将其按原始来源和劳动贡献折股量化到集体和个人。将集体股转为优先股，集体可以获取红利，但不能参与企业的管理。普通股只享有分红权，而优先股则只给予股息，不可同时享有两种权利。

4. 规范资产评估工作，做好清产核资、折股量化工作，保证集体资产保值增值。

第一，要对企业拥有的各项财产进行清点和核对，确定各项财产物资、货币资金、无形资产和债权、债务的实存数，查明账存数与实存数是否相符。

第二，在此基础上，查明其原始来源，按照"谁投资、谁所有、谁受益"的原则，根据具体情况进行量化工作。对主要由职工劳动积累形成的资产，量化给职工个人的比例就应大一些。

第三，对主要由投资者资本归并的办法形成的资产，应将大部分量化给投资者。

第四，对主要由政府政策优惠或乡村组织投资形成的资产，应少量化到职工个人。职工在享受资产量化的同时，也必须认购相应数量的新股。

第五，加强各项配套制度建设，为股份合作制的发展创造良好的外部环境。国家应当在全社会范围内明确股份合作制的地位，在其创办初期给予必要的扶持和引导；要逐步兴办农村会计事务所、审计事务所等评估咨询机构，建立一支政治素质高、业务能力强、作风正派和敢于依法办事的资产评估队伍；有关部门应在登记、税收、劳动、人事等方面给予大力支持；乡村社区政府组织并不属于合作经营组织，应减少对企业经营决策的干预，其职能主要是营造一种有利于企业发展的宏观环境，在公共事务方面为企业做好协调服务，同时完成上级下派的各项行政任务。

二、农村财务管理

农村财务管理是对直接归农民集体占有、支配、管理的各种资产所发生的一切收入、使用、分配等财务活动的核算、计划、监督与控制。根据我国农村集体财务管理主体设置的情况，村集体经济组织、代行村集体经济组织职能的村委会及实行村会计委托代理的乡镇会计核算中心是农村集体财务管理的直接管理者。各级农村经营管理部门（县、乡两级一般都叫农经站）是农村财务的业务主管部门。农业部专设农村经济体制与经营管理司，其三大主体职能之一就是做好农村财务管理工作。

（一）农村财务管理的原则

农村财务管理要以发展和保障农村集体经济组织及其成员的物质权益和民主权利为核心，严格按照《中华人民共和国会计法》和相关法律法规的要求，进一步加强和改进农村财务管理工作，形成制度健全、管理规范、监督有力的农村财务运行和管理机制，有效防止农村集体资产流失，保护广大农民群众的利益，促进农村经济社会发展。

农村财务管理工作的原则如下：第一，坚持民主管理，推进财务公开和民主制度，提高农民群众民主管理意识和能力，保护农民群众的知情权、参与权、决策权和监督权；第二，坚持示范引导，及时总结经验，树立典型，发挥示范带动作用，提高农村财务管理水平；第三，坚持发展和规范并举，重视集体经济发展的同时，也重视财务管理，以完善财务管理促进集体经济发展，防止集体资产流失，夯实新农村建设的物质基础。

（二）农村财务管理的措施

1.规范农村财务管理规章制度

建立健全和完善规章制度，使农村财务管理有章可循，这是做好财务管理的重要保证，是加强农村财务管理的当务之急。当前重点是要规范农村年度财务预决算制度、村级会计代理制度、村干部工资报酬管理制度等，使财务人员有章可循，通过这些制度来规范农村财务管理中的违法违纪行为，实现农村财务管理的制度化、规范化，提高农村财务管理在实现"双增"和保障农民群众权益中的作用。农村财务管理在执行过程中必须严格遵守规章制度，坚持收支两条线，实行先收后支，杜绝以收抵支等现象。乡镇政府要加强对财务制度执行情况的检查监督，要不定期地组织开展财务大检查，防微杜渐。

2. 建立农村财务管理规范模式

建立农村财务管理规范模式的举措有：一是改进农村财经管理人员的任用或选拔机制，打破村界，逐步实行会计委派。根据实际情况，乡镇政府应将村级财经委员的考核部分改为由财经所进行，财经所面向社会公开招聘村级财务报账员，经培训考核，择优录取，按照异地任职制，委派到各村，实行统一管理，统一要求，统一工资报酬渠道，避免眷属会计的产生，改变只管事不管人的软约束现状。二是明确职责分工，跟进制度落实；明确村级干部和财务人员的责、权、利，规范每个人的行为。三是将"财权"进行适当分解，由一人掌握变为多人交叉掌握，正式发票或收据至少要由两名村干部签字，形成相互制约的机制。

3. 加大农村财务管理监管力度

要全面建立村级财务公开制度，统一规定财务公开时间、内容及格式，并在便于群众观看的公开栏上按季或按月公布财务明细账。建立健全民主理财小组和民主理财办法，对村干部、村出纳或报账员、民主理财小组成员进行全面培训，切实提高基层民主理财能力，促进农村民主理财工作的规范化。要强化群众监督，坚持定期公开账目，落实好民主理财制度，把集体财务活动置于群众监督之下；强化业务监督。

乡镇政府要建立有权威的审计组织，加强对农村财务的监督检查，以促进村级财务管理规范化建设；强化纪检监察部门监督，做到各部门紧密配合，协调一致，督促检查；强化民主理财小组监督，村民主理财小组要定期对本村所发生的财务收支进行一次全面审核，对于不合理或未经审核的票据一律拒收拒付，坚决不予报销。

4. 增加农村财务管理领导认识

各级领导干部要端正思想、摆正关系，树立经济越发展，财务管理越重要的观念，要改善党群、干群关系，加强民主法制建设，把巩固和发展农村安定团结政治局面的大事抓实抓好。稳定财会人员队伍，提高财会人员素质。严格财会人员的任免程序，财会人员一经确定，一般不能随意变动。财会人员素质的高低直接影响财务管理质量，这就要求财会人员既具有良好的业务素质，又具有较强的政治观念和职业道德水平，因而要定期对财会人员进行培训和教育，提高财会人员的业务素质和遵纪守法的自觉性。

5. 推行农村财务管理的电算化

各级要把推行农村财务管理电算化，作为加强农村财务管理工作的基础性工作，配备计算机和电话专线，使用统一的农村财务软件，实行村内部联网。村领导可通过计算机随时调阅村的财务资料，掌握村集体资产财务运作情况。在全面实现农村财务会计电算化的基础上，加快推进县、乡镇、村三级财务计算机监管网络建设，实现财务数据的实时传递、查询和监控。加强对财务数据的分析和运用，进而提高财务核算和会计监督的时效性、联动性。

6. 加强农村财务管理审计工作

落实专项审计经费、相关机构和审计专业人员负责农村集体经济审计工作，重点围绕村级财务收支、土地征用补偿、村级重大项目建设审计和村干部经济责任审计、信访问题专项审计等，严肃查处违法乱纪行为，对查出的问题要按照财经纪律和相关制度的规定予以严肃处理，以促进农村集体经济审计的经常化、规范化、制度化。

第七章 网络经济管理实践

第一节 网络经济管理制度

在现代化和信息化的带动下,我国的经济结构发生了较大的转变,以电子商务为代表的网络经济迅速蔓延开来,不仅极大地满足了人们的各种需求,而且使各大企业增加了不少的压力。但是,随之而来的是一系列管理制度的不足。在网络经济管理制度的制定与实施中也存在较多的制约因素,这对网络经济的有序发展是十分不利的。下面就网络经济管理中制度建构的研究进行简要的论述。

一、网络经济的特点

(一)网络经济的特殊性

网络经济相较其他的经济模式而言具有一定的特殊性,它通过网络技术的使用可以很好地满足人们在不同环境下的购物需求,并通过相应的软件来进行担保。这样不仅可以提高交易的安全性,而且可以很好地满足人们的各种需求,对提高人们的生活质量的作用是比较大的。网络经济的发展还可以很好地带动其他行业有序发展,这对拉近各地区之间的贸易关系也是十分有利的。

（二）网络经济的经营理念与特点

通过强大的市场分析，网络经纪公司会通过降低价格来吸引部分消费群体，从而实现在较短的时间内迅速扩大规模，通过强大的媒体宣传来增加其自身的知名度和曝光率。根据各时间段的市场动态进行自我发展策略的调整，及时进行产品的分类和定时的促销，以满足用户的需求。网络经济的发展立足长远，网络经济在多元化的发展趋势下可以很好地提供多种服务。网络技术的普及和智能设备的频繁更新，使用户不但可以随时随地享受网络经济的服务，而且可以不限地域满足用户的各种需求，这种快捷、便利、多元化的发展模式是传统经济模式无法比拟的。网络经济可以很好地带动各行各业的发展，通过资源的共享及时实现各地区产品的在线销售，可以节省较大的成本。网络经济虽然具有较强的可塑性，但是对网络经济的管理制度仍然需要不断地加以改进，这样才能更好地促进网络经济的全面发展。

二、网络经济管理制度的不足

（一）网络经济的审核程序不清晰

相较实体经营而言，对网络经济的要求是比较宽松的，一般不需要办理任何证件就可以进行运营。受用户人数较多的影响，管理部门无法逐一核实网络经济中商户的经营资质。在这种制度不健全的影响下，无法确保网络经济规范化的营运，同样在用户权益的保障上也存在较多的安全隐患。

（二）消费者权益得不到相应的保障

在网络经济模式下，消费者无法直接感受商品的质量，只能根据商家展示的图片来进行购买，这种消费模式其实存在较大的风险性。部分商家为了吸引消费者，通过美化这些产品的图片来迷惑消费者。即使网络经济支持退货，有时也需要消费者承担部分的运费。这些带有欺骗性质的商家的大量出现，会极大降低部分消费者对网络经济的信心。参与网络经济的第三方物流公司的服务质量也会极大地影响消费者的消费体验，再加上近年来消费者的信息被频繁泄露，这也给网络经济的发展带来了较大的困扰。

（三）市场监管方式滞后

虚拟网络平台上的市场监管是比较难实现的。目前，网络经济的监管只能通过传统的方式来进行，因而在工作效率和实效性上存在较大的不足。部分非法网络经济案件的处理和惩处缺乏统一的标准，无法保障网络经济的规范化和标准化。这些制度的不足需要在实践中逐一进行弥补。

三、网络经济管理中制度建构的措施

（一）健全网络监管的法律体系

我国已经形成了中国特色社会主义法律体系，针对市场经营行为，对目前的法律法规不符合电子商务特点的部分，可以通过修订的方式进行扩大，使其适用于电子商务，以满足我国电子商务发展的需要。鉴于我国电子商务的现状，有必要制定统一的电子商务基本法，修订现有的商事领域的法律法规，使相关法律法规扩大适用于电子商务行为。两者的结合运用可以大大减少立法工作，加快推进立法的完善。在缺少特别立法的情况下，也可以通过现行商事管理法律法规的解释实现有效的法律规制，从而避免出现无法可依的局面。

（二）创新"以网管网"的执法机制

配备高科技技术设备，提供技术支持，这是工商部门开展网络商品交易执法时必须要解决的问题。工商部门借助高科技网络技术和设备实施监管是非常必要的。但是，高科技设备一般投入大、日常维护要求高，由各个执法单位自行添置就会过于浪费。因此，有必要由省级工商部门统一置备高科技监管设备，从而实现主体确认、实时监控、案件发现、违法地确认、证据采集和数据分析等功能，保证在第一时间发现网络商品交易违法行为，并完成网页资料、音频、视频和动画等电子数据的证据采集，进而为网络商品交易执法提供技术设备支持和保障。还要实现全国联网一体化监管，在国家局层面建立网络监管信息系统和平台。必须由国家工商总局牵头，建立全国一体、统分结合、功能齐全、上下联动、左右互动的网络监管平台。该平台将以网络经营主体数据库为基础，增加网络商品交易监管信息的录入、分派、上报和统计功能，同时兼有"网络商品交易搜索监测系统"，以便及时锁定违法行为。

（三）营造网络经济主体参与的制度环境

考虑网络经济现状，在鼓励个体创业的同时，要在现阶段较好地解决市场准入的问题。应该关注商家具体交易行为性质来进行主体认定，以其是否以盈利为目的来认定其是否属于交易主体，以其是否以交易为常业作为考量标准。经营者身份的核实对网络交易而言是非常重要的，这需要网站的管理者明确自身的责任，在注册的时候进行全面把控。部分网站通过实名制认证极大地提高了网络管理的效率，通过联网核实为用户提供更加人性化的服务。在经营场所的问题上，政府应该以经营范围为依据，评估经营场所对消防安全、居民生活的影响，适当允许网店经营者将自住房、租赁房或其他非商业性用房注册为经营场所。评估报告可以由经营场所所在居委会、村委会或物业公司做出。

加强网络经济管理制度的健全既是社会发展的必然要求，也是实现网络经济有序发展的重要前提。在网络经济飞速发展的现状下，相关部门必须立足当前，有针对性地构建相应制度，只有这样才能制定出符合我国国情的网络经济管理制度。网络经济管理制度的不断健全和发展是确保网络经济行业有序发展的重要保障，其经营的规范性和秩序性需要广大用户和管理人员的配合才能实现，这也是实现智能生活的重要途径之一。

第二节　网络经济与项目管理

网络经济包括由于高新技术的推广和运用所引起的传统产业及传统经济部门深刻的革命性变化和飞跃性发展，实际上是一种在传统经济基础上产生的、经过以计算机为核心的现代信息技术提升的高级经济发展形态。网络经济包括项目策划与决策阶段、准备阶段、实施阶段、竣工验收、总结评价阶段在内的全过程的管理工作与网络经济进行融合，质量控制、进度控制、投资（成本）控制、合同管理、信息管理、安全管理、事务协调等"三控三管一协调"工作全面实行，基于大数据的分析决策，可以大大提高项目管理效率，应用网络经济对项目全过程进行协同管理是项目管理的发展趋势和主要内容。

一、网络经济与项目管理的现状分析

（一）应用网络经济管理项目的能力需要提升

项目实施需要各方面的知识系统集成、各阶段协同管理，要求专业人员具有扎实的技术经济知识和能力，而且具有系统的网络技术知识技能。专业人员不但需要具有较强的实践能力，还要具有适应网络经济环境的复合性和实用性的技能，在技术手段的辅助下运用经济学理论分析并解决项

目实施和管理中存在的问题。为了项目管理工作更加简洁、更加高效，需要综合型和复合型管理人才应用高效和科学的网络经济全过程管理模式来推动项目管理工作的开展。

（二）项目协同管理机制不健全

很多项目需要多个单位共同建设，特别是对周期长、影响因素复杂、造价高的项目，由于项目管理工作范围大，需要更加严格、规范、健全和高效的管理机制，必须将不同知识领域的活动因素相互关联和集成，并协同运行。现行项目管理机制不够健全、项目管理人员专业性不强、从项目管理的全过程进行分析的技术应用较少，从而使项目各阶段的管理工作不能有效协同。

二、对改善网络经济与工程项目管理现状的建议分析

（一）强化网络技术的应用，改进管理方法、手段和技术

加强项目全过程管理，大力开发和利用建筑信息模型（BIM）、大数据、物联网等现代信息技术和资源，努力提高信息化管理和应用水平，为开展全过程工程咨询业务提供保障。通过对项目工程设计、建造、管理的数据化工具管理，为项目建设主体提供协同工作的基础，在提高生产效率、节约成本和缩短工期方面发挥重要作用。项目管理的全过程集成运用网络经济，进行大数据处理，制定预防性的措施，可以最大限度实现项目管理的建设目标。

（二）加强咨询人才队伍建设和国际交流

在深入分析和认识网络经济发展对21世纪劳动者素质要求的基础上，需要制定和实施符合网络经济发展要求的人才培养方案，培养和造就一大

批高素质的网络经济发展人才；加强技术、经济、管理和法律等方面的理论知识培训，开展广泛的国际交流，引进基于网络经济的国际先进管理工具和方法，开展多种形式的合作，以提升项目管理的国际竞争力。

（三）健全以网络经济为支撑的项目协同管理机制

鼓励项目业主购买招标代理、勘察、设计、监理和项目管理等全过程咨询服务，满足项目一体化服务需求，增强工程建设过程的协同性；整合投资咨询、招标代理、勘察、设计、监理和项目管理等企业，以大数据、物联网和区块链等网络经济为支撑，建立数据应用平台，建立"一站式"服务网络平台，处理好协同关系，开展全过程项目管理服务。

应用网络经济实现项目管理可以提高项目全过程管理水平，完善项目各阶段、各建设方的协同性，保证运营效率，增加服务供给，创新项目管理服务组织实施方式，进而推动高质量发展。

第三节 网络经济时代的工商管理

对日新月异的经济发展趋势，工商管理领域应当制定相应的政策和措施，结合网络经济的背景，将理论与实践相结合，并保留传统经济的优势。相关政策策略应当贴合我国供给侧结构改革策略，进而为促进中国经济宏观发展贡献一分力量。

一、网络经济的发展趋势

所谓网络经济，是指建立在计算机技术和网络技术之上的新兴经济形态，其核心为现代化的信息技术。网络经济不仅包括现代计算机技术背景下的高新技术产业，而且包括高新技术在新时代的推广和运用，这也是传统经济的革命性的改变和飞跃性发展。正因为如此，不能单纯地把网络经济理解成一种独立于传统经济的新型经济体。网络经济也不是只存在于互联网上的"虚拟"经济体制，网络经济在本质上还是基于传统经济，通过以计算机为核心的现代信息技术发展起来的经济形态。

自从进入 21 世纪以来，经济发展模式逐渐依赖计算机技术、网络技术和互联网，如现在耳熟能详的电子商务和网络通信等产业都是依赖计算机技术发展起来的网络金融。随着时间的推移和技术的成熟，会有越来越多的金融产业依赖网络技术来发展。与传统经济不同，网络经济是通过线上方式开展的，也就是说，传统方式下的买与卖、售后与服务都是依靠计算机完成的。网络经济不但能够大大节省消费者选购商品的时间，而且能够提供更加丰富的商品选择范围，具有便捷的优点。对实体经济而言，网络经济还能够降低经营成本，不需要通过线下实体产业开展相关经济活动。正因为如此，在生活节奏逐渐加快的当下，网络经济倍受年轻人的青睐。

二、网络经济时代对企业管理的促进作用

（一）减少经营成本的投入

在网络经济时代，客户可以不用通过实地走访就能了解相关产品的性能和工作效率，既减少了与企业负责人的会面，又能在一定程度上减少相关招待费用，避免铺张浪费。企业通过网络经济的方式还能减少在店铺租金和商品包装以及招商引资方面的大量投入，不仅能够缓解公共资源紧张的现状，还能够有效提升销售量，让企业能够有更多的时间、精力和资金投入新产品的研发。

（二）帮助企业深入了解市场行情

网络经济时代的一大特点就是资源共享。不同企业可以通过互联网共享原料、商品和行情等方面的数据，这要求企业管理人员不仅要掌握专业技能，学会熟练使用计算机的相关操作，还要对市场数据保持高度的敏感性，及时确立企业发展模式，从而帮助企业在高速发展的市场中把握机会、占领市场，进而有效提高商品利润。网络环境能够帮助企业得到有效的市场信息，企业通过这些信息能够及时了解市场动态，根据市场需求及时调整商品的销售市场，只有这样才能有利于企业的可持续发展。

（三）有利于营造公平的市场环境

在传统经济模式中，一些企业始终垄断着相关商品的市场，对商品的核心技术和销售渠道始终不对外公开，致使市场始终存在人为操控的一面，间接导致一些中小型企业找不到发展的方向。正因为现阶段网络经济的迅猛发展，为了秉承消费者至上的原则，在同一交易平台上的企业需要将各自商品的相关信息进行公开，从而促进市场合法、公平地发展。

三、网络经济时代企业管理的发展策略

（一）创新管理理念和模式

需要明确的是，过去的企业管理模式比较单一，大多企业不但缺少外界信息，而且没有相关的理论依据进行支撑。在网络技术飞速发展的当下，企业管理模式需要顺应发展进行相关改革，摆脱传统方式的束缚，创立管理理念和模式，打造出规范化的管理体系，促使企业管理及其附属产业在网络经济时代蓬勃发展，降低经营成本。这样不仅能够大大增强员工的工作热情，而且能给员工强有力的满足感和安全感，有利于企业的整体进步和可持续发展。

（二）完善相关管理制度

一个优秀的企业应当具有完善的管理制度，通过这些制度进行管理和约束，能够帮助企业建立一个健全的规范制度，从而在充分发挥内生动力的同时产生相应的经济效益。值得注意的是，管理制度应当严格依据法律法规来制定。企业也需要设立相关监管部门来保证措施的实行，让规章制度不再是一纸空文。在我国经济的发展规划过程中，在结合企业与市场的同时，还要提高政府对市场的调控能力，保证企业的活力。相关监管部门要加强有效监督，并落实到各个岗位上，共同促进供给侧结构改革的顺利发展。

（三）提高相关工作人员的技能素养

在网络经济模式下，相关企业管理人员不仅要具备诚实的信念，用心经营，还要有过硬的知识理念，对企业管理的发展有前瞻性，并且能够掌控发展趋势。所以，企业应该加大人才培养方面的投资力度，大力引进优质人才，尤其是在面试阶段，应该将个人素养和专业技能放在选拔的首位，在员工入职后也要开展道德讲座教育，从本质出发，抓好员工的综合素质。

综上所述，网络经济成为现阶段国民经济体中的主要支撑力量。在网络经济模式下，企业管理发展能够有效控制其经营成本，同时也能促进形成公平的市场环境。面对网络经济的飞速发展，管理人员需要更新管理理念，以积极的态度面对网络经济带来的挑战，为我国宏观经济发展提供源源不断的动力。

第四节　网络经济时代企业管理

作为一种新的经济形态，网络经济引发了企业组织、生存环境的剧烈变化，迫使企业不得不在多方面进行改革。分析网络经济对企业组织机构、生产组织方式、经营方式和创新机制的影响，提出网络经济环境下企业管理在观念、营销管理、生产经营方式和组织结构等方面的创新变革对策，为企业适应网络经济时代的要求，获得生存和发展机会提供借鉴。

一、网络经济对企业管理的影响

（一）对企业组织机构的影响

传统的企业组织机构的管理层次多、管理范围小、机构臃肿庞大、决策效率低下。在网络经济时代，信息的获取和传送便捷、快速，这对传统企业的经营手段和经营方式产生了冲击，迫使传统企业不得不创新管理手段，优化管理机构，提高反应速度和决策效率，以适应瞬息万变的信息环境。这就要求传统企业从内部减少管理层次、加大管理力度，从外部联合其他同行企业，形成以专业化联合、共享过程控制和共同目的为基本特征的企业间组织方式。

（二）对生产组织方式的影响

网络经济冲垮了企业传统的生产组织方式，使以前相互独立的组织方式解体。在网络经济时代，信息渗透和传递不受时空限制。不管是企业的经营手段，还是管理方式，在网络空间里都是公开的。同行业间的竞争更加激烈、更加残酷，从而促使资源和技术进行了整合，如有些企业擅长市场营销，其他企业就将市场交给这个企业负责；有些企业擅长研发设计，其他企业就将研发设计程序交给这个企业，从而形成企业间的合作。企业运营中的某些环节逐步向优势资源和技术集中，改变了企业的生产组织方式。

网络经济以互联网应用为基础的电子商务为主。这种形式颠覆了传统的企业经营方式，不再受限于交易模式和交易市场，通过网络虚拟平台和工具就可以实现商品和货款交接，并完成交易。交易双方、网络经济服务部门的商业信用和支付信用高度发达，保险机构、金融机构、供应商和客户在电子商务平台交易系统中高度整合和兼容，电子商务平台成为市场交易参与各方的利益集合体。电子商务打通了从生产商到消费者的通道，砍掉了中间商环节，使交易成本大大降低，提高了市场竞争力。

（三）对创新机制的影响

在不断更新和变化的网络经济时代，企业面临着前所未有的竞争压力和生存危机。企业只有不断创新，适应变化，才可以获得生存的机会。创新既可以是管理模式的创新，也可以是管理方式的创新。企业创新的速度要跟上网络经济更新的速度，只有企业的创新形式适应网络经济，并符合网络经济发展的模式，企业才能更好地生存和发展。

二、网络经济模式下企业管理创新变革的途径

（一）观念的变革创新

1. 经营目标观念的变革创新

长期以来，大部分企业的经营目标是实现企业利润最大化，而无视人、组织、社会和自然的共同协调发展。经营观念的变革创新，要求企业不能只顾经济利益，还要注重社会效益，承担起企业的社会责任；既要对消费

者的直接利益和间接利益负责,也要对员工的身心健康和全面发展负责;还要在利用资源时注重生态平衡和经济的可持续发展,打造绿色企业,使经营目标做到经济效益、社会效益与生态效益的统一。

2.信息观念的变革创新

互联网既可以为企业提供技术、生产和营销等方面的信息,也可以开辟网络销售新市场。但是,信息具有一定的时效性,谁先掌握信息,谁就能把握先机。企业不但要具有信息敏感度,而且要注重信息搜集,还要重视信息管理,避免信息被淹没在信息的海洋里,以便促使信息转化为企业生产力。

3.市场观念的变革创新

在网络经济时代,消费者的选择空间大,消费需求多样化、个性化。企业要正确认识市场的这些变化,在市场细分的基础上,依据市场导向合理定位。企业还要了解市场需求,营造消费氛围,刺激消费者的消费欲望,开发潜力巨大的农村市场。

4.产品观念的变革创新

当今,产品种类丰富多样,产品更新换代的周期越来越短,企业要采用产品差异化策略,充分把握市场需求,开发新型高质量产品,实行名牌产品战略,增强产品形象塑造,提高产品附加值的竞争力,以占领更大的市场。

(二)营销管理的创新变革

网络经济时代的企业营销管理具有鲜明的特色,主要表现在三个方面。

1.网络互动式营销管理

客户能够参与企业的整个营销,实现客户和商家随时随地的互动式双向交流,有利于商家采取满足客户需求最大化的营销决策。

2. 网络整合营销管理

信息网络电子营销方式使企业和客户形成了"一对一"的营销关系,营销管理决策的连接体现了以客户为出发点,以及企业和客户不断交互的特点。

3. 网络定制营销生产

在网络经济时代,企业营销逐渐倾向定制销售,这样既可以提高客户满意度,又可以降低企业库存成本。整体上,营销管理的变革创新是一项系统工程。市场变幻莫测,营销管理只是一种手段。企业不能为了变革而变革,而要通过管理营销创新来实现资源的灵活配置,适应不断变化的环境,以促进企业发展。

(三)生产经营方式的创新变革

在网络经济时代,信息传递趋于高效化、准确化,且成本低廉。商家与客户之间的信息沟通更加便捷,使商家满足客户大规模的量身定制服务成为可能。生产经营方式也要向满足客户个性化需求的方向变革创新。

1. 从规模生产到规模定制

在网络经济时代,数字化网络改变了一对多的关系和生产者的统治地位。客户与企业可以通过互联网实现即时的双向交流沟通。客户可以提出自己的需求,并参与产品设计。即使各个客户的个性化定制各不相同,在网络庞大覆盖面的作用下,企业可以享有大批生产的规模定制。

2. 从产品经济到服务经济

在网络经济时代,企业之间的竞争不仅是产品质量的竞争和成本层面的竞争,而且是服务质量的竞争,企业需要实现从产品经济到服务经济的转变,为顾客提供体验式服务,以满足客户的个性化服务需求。

3. 从实体经营到虚拟经营

在互联网经济时代,企业可以借助虚拟网络,在企业资源有限的条件下，将其他功能借助外部力量进行整合，如外包和委托等。市场形势和竞争方式的新特点要求企业具备灵敏的反应能力和富有弹性的动态组织结构，即需要建立虚拟企业，以便精简机构、优化资源组合、降低成本，实现生产专业化和经营多元化。

（四）组织结构的创新变革

组织结构的变革创新就是要根据企业所处的内部和外部环境以及条件变化，改变原有的组织结构，变革组织目标，重新构建责权关系，以改善企业的经营管理、激发员工的工作热情，发挥企业的最大潜能。网络经济是基于信息技术发展起来的一种经济形态，客户需求多样化、市场竞争激烈化、经济形势动荡化。所以，要求企业的组织结构必须具备命令统一、责权明确、组织有弹性、适度分权、反应灵敏、高效率工作、企业内部沟通良好、部门间联系紧密的特点。组织结构变革创新可从以下几个方面入手。

1.决策分权化

以决策为中心，进行决策分权化，调整组织作业流程、经营战略，促使信息分散化，增加决策点，推行分散决策和现场决策。

2.结构扁平化

以决策为中心的网络化组织是通过决策分权化实现的。这就意味着决策权力重心下移，即决策权多分布在下层。所以，要增大管理跨度、减少管理层次、改变权力特征、走组织结构扁平化道路，从而提高组织效率和应变能力。

3.组织柔性化

柔性化组织是指组织不固定、不正式，而是临时性、以任务为导向的团队式组织。如，项目小组是以一特定任务为目标，临时组成团队，并不同定，随着项目的改变而调整。在网络经济时代，这样的组织方式就像网络的每个节点，具有很强的灵活性和弹性，基层组织更有自主权和主动权，从而提高了市场应对能力。

4. 组织虚拟化

在网络经济时代，企业间既是竞争关系也是合作关系，但更倾向于推动企业与企业走向联合。虚拟组织应运而生。虚拟组织以龙头企业为核心，为获得某种市场机会，将所需资源的若干企业集合在一起形成一种网络化的动态组织。这些企业以契约形式订立暂时联盟，利用先进的高速信息网络进行信息交换，让所有的同盟企业共享资源、共担风险，优势互补，从而实现功能集成效果。一旦目标完成，联盟就自行解体，具有很大的灵活性和松散性，很好地适应了网络经济时代的发展。

随着互联网技术的迅猛发展，网络经济正在朝着成为全球经济新支柱的方向发展，在为企业发展提供了机遇的同时，也在瓦解、改变着企业的现有组织结构、生产经营方式等。企业为适应网络经济时代的发展，必须对企业管理进行变革，以获得生存和发展机会。

第五节 基于网络经济的会计管理

当前，智能信息发展非常迅速。20世纪中期，计算机网络主要用于信息的传递，由于该技术具有共享、方便和实时等特点，在世界范围内得到了一致认可。从业务的角度来看，它通常是财务会计系统的优先事项。与时俱进，将在线技术应用于财务会计管理非常重要。基于如此严格的网络时代，通常无法同时满足生产和生命周期的需求。企业必须首先进行合理的调整，使用现代化的网络技术改进并精简财务管理系统。作为公司经济的核心，财务部门控制着整个公司的经济管理和资源优化。与以前的管理系统相比，这种新模型不但要求会计人员采用互联网技术，而且必须充分考虑信息和信息流，以确保其安全。

一、财务会计学在网络经济中的概念

网络经济也就意味着计算机网络是主要部分，传统经济被纳入其中，并且两者相互结合。在线经济最重要的工作仍然是发展经济。在线技术为在线经济提供了全面、便利的环境，以便提高员工效率并使其适应时代发展应达到的要求。与传统经济相比，经济发展离不开生产和分配原则，即平等交换消费原则。在网络信息技术的支持下，网络经济展示出更大的优势。

二、财务会计学在网络经济中的特征

（一）信息实时性

在网络经济时代，企业可以使用信息技术收集丰富的财务数据，以便提高财务管理效率，并为企业外部的业务主管和用户提供全面、真实的信息。财务会计在互联网经济中应通过互联网技术，甚至估值方式来进行财务管理。结果发现，在互联网上收集的信息内容更广泛和全面。信息的准确度也大幅度提高。大量信息通过计算机技术进行了优质处理，重要信息也经过了处理，从而为财务工作者提供了简洁、明了的信息报告，节省了用户寻找和总结概括信息的时间。

（二）网络共享性

不同于传统的财务管理模式，网络经济时代中的财务管理更具有网络共享性。如果公司的内部信息是开放的，那么每个财务部门的员工只需统计自己管理的财务信息，然后进行协调即可。在特定的网站上，系统将自动编辑其他人员上传的信息,并从中得出最终的分析结果。企业之间的信息在共享之后,竞争企业可以查看其他企业的财务信息。

(三) 运算全球化

网络经济学和财务会计是互联网时代的产物,与之相关的信息也同样使用广泛。基于此种形式,互联网被用作实现企业之间跨境销售的渠道。特别是需要开展跨国业务的企业,传统的纸币也可以通过信息技术转换为电子货币,这可以使预算更加便利并反映运算全球化的特征。

(四) 信息收益性

互联网技术和信息技术可以缩短供求关系之间的距离。借助在线销售,企业可以比投资较少的实体店获得更多的经济利益,如知名公司的公共网站、微信公众号等。这些系统的销售潜力非常大,销售收入也很高。互联网时代的信息收入也越来越高,企业在衡量其资产时,也要将信息收益计算在内。

三、财务会计管理在网络经济模式下的注意事项

(一) 掌握互联网技术

在网络沟通技术的背景下,为了更好的发展财务会计,企业各部门应以更及时、更有效的方式来实现各种财务活动全面、深入地交流和沟通,运用灵活的电子记录管理技术,最大限度的实现财务会计信息的整合和各部门数据的整合。如果企业规模较大,并且需要使用财务会计管理数据来反映企业的发展决策,那么就需要大数据技术作为支持。信息技术还可以成为网络经济时代背景下财务管理的重要载体,有助于优化管理效率和降低财务风险。

（二）数据资源

随着网络经济的飞速发展，资本会计数据将呈现出喷发性增长态势。从一般的发展来看，如果企业能够理解有关数据的所有信息，那么就相当对企业的政策和后续的发展有了精确的了解。实际上，数据资源可以在很大程度上规避未来发展中可能出现的风险，并且为企业做出更好的科学决策提供依据。

（三）优化管理理念

管理概念是否科学，对各种企业管理决策和未来发展政策的制定都有影响，因此不能忽视。管理理念可以为调整管理目标提供有利的参考。所以，企业应与时俱进，通过采用灵活的会计管理模式来促进企业的健康、持续发展，将新的会计管理理念融入企业的整体管理理念，可以使企业会计管理质量得到明显提高。企业管理人员需要及时适应新的管理理念。

四、网络经济模式下财务会计面临的发展困境

（一）法律法规不完善

在互联网技术发展的进程中，不同类型的软件相继出现，其中的信息无所不包。尽管在某种层面上，随着时间的推移，互联网世界的内容将变得更加充实、更加多样。互联网世界的复杂性和不确定性仍可能导致许多风险的产生。在这种情况下，企业如果想将网络技术最大限度的应用于财务会计，就需要筛选和扫描信息以确保信息的准确性。互联网技术在不断发展，但尚未实施相应的法律法规，特别是在缺乏财务会计管理的在线经济中。如今，财务会计软件得到了很大发展，大大提高了管理效率，但是我国仍然对各种软件的开发缺乏明确的管理法规，并且管理标准也有很大差异。

（二）信息安全性不足

互联网是一个虚拟平台，该平台存在很多不确定性，如管理部门的管理工作不健全等。财务会计管理通常以纸质形式保存所有数据，尽管传统的财务会计管理更易于存储，但其信息一旦被恶意利用，将对数据的完整性产生深远影响，甚至影响整个企业的运营。

（三）缺少财务会计管理相关的信息技术人才

在财务会计管理工作中，财务会计必须具备高质量的财务会计技能。在选择和雇用财务会计时，企业必须进行审查，加强对财务会计的评估，从而有效提高管理人员的专业素质和整体素质。在以往的财务会计管理中，大部分财务人员的工作相对重复，管理人员很少进行相关决策和信息分析。在网络经济的高度发展下，财务人员的权限会不止如此，还将更具挑战性。财务人员必须对工作场所中的计算机和网络知识以及某些专业技能有跟深入的了解。

五、财务会计管理在网络经济下的策略

（一）完善相关法律法规体系

在网络时代下，财务会计管理必须与时俱进，并在实践中不断更新自我创新的模式。当然，此过程迫切需要国家发布适当的法律规定对其进行保护，如使用明确的文字和规定、建立财务会计管理中的日常行为标准、及时解决出现的各种问题等，进而使财务会计可以依法行事。我国企业不能完全借鉴其他国家的经验，必须根据我国的实际情况制定符合自身情况的行业标准，以确保我国企业可以在未来的金融活动中遵守法律并创造良好的气氛。企业有必要建立一个适当的监督与管理部门，并寻求将法律制度与财务会计管理相结合，从而使有关法律法规的协同运作流畅。

（二）完善信息安全管理措施

在网络经济中，最重要的是提高企业内部安全管理的意识。如，在网络系统中，企业信息安全是重要的管理环节，应用程序网络集合了财务管理所需的信息，以防止信息泄露或缺损。为了企业内部的信息能够保持全面和完整，企业必须建立完善的标准并进行财务管理培训。企业应注重内部安全管控，并设计符合本企业的安全软件，以从根本上解决可能存在的安全问题。

（三）加强信息化财务会计管理人员的培训

在当前情况下，重新构建具有信息技术的财务工作团队将花费过多的企业资本，对企业而言是不可行的。企业应该加强自身团队建设、加强针对企业财务管理者的信息技术教育，从而提高他们对互联网使用的认识，充分整合企业财务管理信息，以便实现财务管理的新方式。

如果想提高财务管理的质量，就应该将网络经济学与传统财务管理相结合，以便互联网技术可以更好地为企业财务管理服务。企业还要保证财务会计管理更加有效，以确保企业在竞争中独树一帜，并更好的适应市场发展的需求。企业有必要运用方法规范会计人员的日常行为，厘清会计人员的具体职责，提高会计人员的整体素质，从而确保企业健康、长期发展。

第六节　网络营销与企业经济管理

自第三次产业革命以来，计算机技术和网络技术更新速度日益加快，应用范围已经非常广泛，人类社会迎来了正式的网络经济时代。在这个背景下，本节基于互联网分析了其对当代企业营销管理的影响作用，重点阐述了其给营销管理中的营销对象、营销组织和营销基础等带来的深刻影响；以此为基础，为国内当下的企业如何在网络经济时代下进行营销管理变革提供路径参考。计算机技术和网络技术迭代更新的步伐从未停止，也导致了当下的企业在营销管理方面产生了一系列变化。网络经济对企业的营销管理产生的具体影响，以及导致的营销管理变革内容等，是本节研究和分析的重点。

互联网的定义是，按照 TCP/IP 网络协议，确保全球范围内各个国家和区域及其所属的全部行业能够被连接起来，从而形成一个广泛的数据通信网，属于当下全球仅有的对所有民众开放使用的公用网。随着互联网的应用覆盖现代企业营销领域，从而产生了不同于传统的营销模式。

一、网络经济对营销管理的影响

（一）营销对象变革

较传统企业而言，互联网企业不受时空的限制，能够随时提供服务和产品给任何地区的客户。互联网使得市场得到很大程度拓宽，世界各地的用户拥有服务的选择范围非常广阔。借助网络平台，企业可以给个体消费者提供独一无二的私人定制服务和产品。需要注意的是，要想开发和维护好网络客户，当下的营销人员就必须能够紧跟时代潮流，积极创建个性化的销售信息档案，从而有针对性地制定营销策略促使客户进行消费。

（二）营销基础方式的变革

菲利普科特勒（Philip Kotler）是一名美国的学者，他认为，4P营销理论，即产品（Product）、价格（Price）、促销（Promotion）、渠道（Place）"代表卖方的立场，能够对买方施加影响作用"。20世纪末期，美国营销学家罗伯特·劳特伯恩（Robert Lauterbom）阐述了一个观点，即处于"买方市场"条件下的营销必须以买方的立场为切入点展开，提出了代替4P的4C理论，具体而言，就是站在买方的立场，关注买方的需要和欲望（Customerneeds and wants），提供条件给买方便利（Convenience），考虑买方的成本（Costtocustomer），重视买卖过程中的双方沟通（Communication）。由此可知，4C策略始终以买方为营销制定的参考立场，让买方进入营销过程中。换言之，就是在网络经济模式下以4C营销策略为主。在互联网营销之下，客户的需要和欲望能够得到更好的满足。

营销基础方式的变革是指摒弃传统的间接营销，持续推进现代的直复营销。实际上，基于传统营销方式，企业的产品在最终到达客户手中的时候，通常需要历经多轮的中间商传递才能实现，使得市场反应和顾客的反馈信息有相对比较长的周期。较传统营销而言，网络营销具有直复营销的典型特点。具体而言，直复营销中的"直"的字面意思为直接，内涵是不需要借助任何中间分级渠道，直接借助媒体将企业与消费者连接起来，销售通过网络渠道实现，消费者能够在互联网上直接向企业发送订单并进行结算买单；"复"的字面意思为回复，内涵是企业与消费者的交互，即消费者会直接对企业的产品和服务给予干脆的要或者不要的回复。借助互联网技术，企业能够得到最新的消费者恢复数据，并可以根据这些数据调整和重新制定营销策略。客观而言，直复营销有着多种积极作用，可以实现面向营销效果的可度量性和可控性等。

(三）营销组织变革

营销组织变革是指摒弃传统的实体营销组织，积极建立现代的虚拟营销组织。传统的营销组织特点包括：①功能化，即实体组织的功能涵盖了开展业务活动的一切功能。②内部化，即实体组织不需要借助外部力量，仅凭自身的功能就能够进行相关的组织活动。

③集中化和规模化，即实体组织能够把现有的一切所需功能和资源通过集中使其具有规模化。

与传统组织不同的是，诞生于网络信息时代的营销组织的最大特点是具有虚拟性。该类营销组织包括如下特点：①专长化，即仅仅发展和维持好本身具有的专长和功能，从而让组织规模保持分子化。②合作化，即虚拟营销组织在功能方面其实不再呈现系统化和全面化，其必须依靠自身之外的市场资源来弥补本来缺少的功能和资源，从而与其他企业开展一系列必要的合作。③离散化，即虚拟营销的资源和功能不再具有集中性，而是呈离散状态，借助网络才得以连接起来。

现代的虚拟营销组织打破了传统企业的功能架构，有利于现代企业通过优势互补的合作分享资源，达到资源的优化配置，从而提高企业的核心能力。

(四）沟通模式变革

沟通模式变革是指摒弃传统的单向分离式传播，广泛应用双向互动的现代多媒体式传播。事实上，传统的营销手段往往仅能实现单向的信息输送，导致消费者长期处于被动态势。信息传播模式呈分离式。在进行信息传播时，大部分信息传播都是依靠广播电视和报纸杂志等传统媒体，传播的效果有限。处于网络环境下，信息的传播实现了双向交流。借助网络渠道，企业能够在同一时间与全球不同区域消费者展开沟通和联系，从而能够及时倾听消费者对商品和企业的服务所提出的建议,且可以对这些建议在第一时间做出反馈。互联网能够传输多种媒体信息,无论是平面类型的文字信息还是立体的图像信息都可以传播,所以,能够保证信息具有良好的传播效果。

二、网络经济时代营销管理变革的建议

(一)把握网络经济发展机遇,尽快形成网络竞争优势

互联网经济的潜能巨大,是当代企业营销的主导方式。随着全球化浪潮的席卷,企业的生存压力越来越大,越来越多的企业开始积极运用互联网,以提高自身的竞争力和促进自身的发展。根据《财富》杂志统计的数据可知,世界五百强企业现在基本都已在网上开展或多或少的业务。英特尔的前首席执行官安迪·葛洛夫(AndyGrove)曾明确提及,要想获得生存和发展的企业必须在 5 年之内应用互联网,如若不然,势必会关门大吉。网络营销的存在,有力地促进了企业大、中、小规模的差别的消失,从而创造出更加公平的竞争环境,让企业的发展条件更加平等。基于此,国内企业应该主动制定网络化经营战略,从而在激烈的网络经济竞争中占据一席之地。

(二)建立企业的信息优势,加快构筑企业网络营销平台

企业在占据信息优势之后,就能够在网络经济时代中获得生存空间。国内企业的信息技术和设备投资只在总资产中占有 0.3% 的比例,与发达国家 10% 的水平相差甚远。所以,我国企业目前亟须加强信息化建设:①打造企业自身的网络站点。②打造企业内部的 MIS 管理信息系统,如此一来,可以对企业内部产、供等相关流程开展科学的计算机管理。③全面

打造企业的内联网和外联网，内联网能够将企业内部各组织间的计算机网络连接起来，外联网则属于企业对外打造的用于营销运作的虚拟平台。④打造合理的企业信息管理模式。

（三）将企业的信息优势转化为竞争优势，制定合理的竞争战略

为了掌握网络竞争优势，企业必须竭尽全力把自身的信息优势转为竞争优势。企业应该根据实际推出合理的竞争战略，如重新调整市场理念，从而通过更好、更快的服务和产品来不断拓宽网络营销渠道；开展定制产品服务，让消费者能够得到个性化服务；积极推广互动式营销；始终恪守当下的网络礼仪，实施软营销，也就是说，应该尽可能提供大量信息代替说服等。

（四）利用互联网提高企业的营销决策能力和快速响应能力

基于互联网的互联互通性，互联网拥有令人应接不暇的海量信息。企业处于网络经济时代，只有强调营销决策的快捷性和科学性，才能掌握竞争先发优势。企业在制定营销策略前，应该积极在互联网网上收集和归纳有用信息，以期让策略更加符合实际，并取得有益的效果。在网络经济时代，消费者更加倾向于得到即时满足，企业必须要拥有对市场的快速反应能力。

第七节 网络经济管理创新

网络经济的到来，使我国的经济和社会生活发生了深刻的变化。科技发展速度越来越快，竞争越来越激烈，市场多变并日益趋向全球化，企业管理也日渐复杂。可以说，在这样的一个新环境中，企业有了更广阔的生存空间，但是生存的难度也在增加。企业要想在新的环境中更好地发展自己，必须进行全方位的管理创新。

管理创新是指企业不断根据市场和社会环境的变化，重新整合人才、资本和技术等要素，以适应、满足和创造市场需求，从而达到自身的经济效益目标和完成社会责任。全面的管理创新是企业在网络经济模式下生存、发展的基本条件，具体包括观念创新、技术创新、组织创新、管理模式与方法创新、管理制度创新、文化创新等方面。

一、观念创新

人类社会的每一次重大变革，都是以思想的进步和观念的更新为先导，企业的管理创新也不例外。观念创新是企业全面创新的核心，是其他创新的先导。如果没有观念创新，那么其他创新便无从谈起。观念创新最主要的是要求企业树立知识价值观念、以人为本的人力资源管理观念、合作竞争观念、全球化经营观念和可持续发展的观念等。

（一）知识价值观念

网络经济是以信息和知识为主要特征的新经济形态。在网络经济时代，知识的作用越来越突出，知识资本逐渐形成，并成为新经济的推动力。知识正推动着企业由以投入资金和劳动力为主朝着以投入知识为主的方向转变，企业传统的技术、单一的知识结构也正向高新技术、综合知识结构转移。这就要求企业从战略的高度重视知识的作用。很多跨国企业不惜将重金投向知识的研究开发和高科技人才的引进，其实都是在进行知识的储备和更新，为保持竞争优势做积累。一个企业要想在网络经济模式下取得成功，就必须牢固地树立知识价值观念，充分重视知识的作用，加大对知识的投入力度。

（二）以人为本的人力资源管理观念

网络经济给人力资源的管理和开发带来了很多便利，如网络的出现打破了工作者所受的地理因素限制，使远距离工作成为可能；工作方式更加灵活和自由；企业可以对员工进行在线培训，员工可以随时随地接受培训，企业节省了投资成本，也易调动员工的学习积极性等。但是，网络经济也在加剧企业对高级人力资源的争夺，这就对人力资源的素质提出了更高的要求。

面对网络经济给人力资源管理带来的这些变化，企业必须加强对人力资源的管理和开发，以适应网络经济的要求。

1. 提高人力资源的整体素质

网络经济的发展需要多层次的人才，所以要大力发展基础教育，重视素质教育，并着重培养适应网络经济时代需要的各类人才。在我国网络经济的发展初期，对应用型高科技人才的需求是十分迫切的，所以教育的任务就是着力培养这样的人才。

2. 促进人力资源的全面发展

以人为本的管理思想是以培养人的能力并使人的潜能有效释放为着眼点，所形成的企业文化是开放的、民主的，造就的是主体性强、富于自律和具有创造精神的管理人才。以人为本的管理要求理解人、尊重人、充分发挥人的主动性和创造性，可以分为情感管理、民主管理、自主管理、人才管理和文化管理五个层次。管理要求包括：运用行为科学，重塑人际关系；增加人力资本，提高劳动质量；改善劳动管理，充分利用劳动力资源；推行民主管理，提高劳动者的参与意识；建设企业文化，培育企业精神等。可见，要真正做到人本管理，就要充分重视人的需要，调动每个人的积极性，并采用多种激励手段来激发每个人的潜能。

还要塑造一个有利于人力资源发展的环境，即尊重知识、尊重人才，并有适度的竞争和良好的培训。在这样的环境中，员工能体会到知识的可贵，从而不断地学习，以扩充知识储备并提高技能水平，而且真正有才能的员工能在企业中担当重任。既有压力也有动力的适度竞争机制和良好的培训环境，能够激励员工不断进取、不断创新，并积极提高其自身的素质。

3. 促进人力资源的合理流动

人力资源的流动和转移是合理配置人力资源的方式和手段，是充分利用人力资源的重要形式，是网络经济的客观需要。要尽快建立和完善统一的人才市场，对人才的合理流动进行统一的协调和配置，加快各种社会保障制度的改革步伐，以实现市场对人力资源的自然配置。

（三）合作竞争观念

在网络经济模式下，企业面临的内部和外部竞争环境已经与以往有了很大的不同，从而对竞争的理念也提出了新的要求。

网络的普及使人们受时间和空间的限制日渐减少，信息可以自由和快捷地在网上流动。所以，对企业来讲，业务在便利和扩展到全球的同时，竞争范围也随之扩大到了全世界。竞争变得异常激烈，但是竞争的优势却发生了改变。原来竞争的优势主要体现在厂房、设备、资金和劳动力等有形要素上；而在网络经济模式下，竞争优势主要取决于信息、科技、人力资源的素质、形象和战略等。

在这样的竞争环境下，企业必须树立新的竞争观念以适应网络经济发展的需要。这种新的竞争观念就是合作竞争，以合作求竞争，共同将利益蛋糕做得更大，从而使双方都受益。在信息技术和网络技术高速发展的情况下，任何一家企业的资源都只能具有某种单一核心优势，如果企业能与竞争对手将各自的核心优势结合起来，做到优势互补，则必将能够形成共同的竞争力，达到双赢的效果。如，苹果公司和国际商业机器公司（IBM）的竞争联盟就是这样的，虽然在销售产品时二者仍然是竞争对手，但通过联盟，二者可以互相分享最先进的技术和一些商业机密，通过合作完成两家公司都不能单独完成的项目。

在合作竞争中，企业要注意联盟内部的权力再分配。这是因为随着时间的推移，合作各方的核心优势的相对重要性可能会发生变化，从而引起联盟内部的权力再分配。为避免在合作竞争中的地位弱化，合作各方应注重培养自己的核心优势并力求创新，争取在竞争联盟中取得主导影响力。一般来说，一个企业在联盟中影响力的大小主要取决于其核心优势相对其合作伙伴的核心优势的重要性和独特性，所以，合作各方时刻都要保持积极进取的精神。

（四）全球化观念

随着经济全球化进程的加快和全球信息网络的形成，企业的经营管理应形成全球化的观念。也就是说，企业在组织生产、销售、经营管理等方面要突破一国、一地的地理空间概念，从国际化、全球化着眼，制定企业发展和竞争的战略。全球思维可以指导企业在世界范围内谋求发展机会，取得最佳的长期效益。

美国宝洁公司总裁埃德温·刘易斯·阿尔茨特曾说："市场的全球化将成为决定21世纪经济增长速度的首要因素，达不到世界标准的企业，将越来越没有希望在地方一级进行竞争。"也就是说，随着经济的全球化和网络的普及，即使企业没有走出去，也可能面临来自全球的竞争和威胁，这是因为别人可以走进来。所以，在网络经济条件下，企业的管理者必须要自觉地培养全球化思维能力，要有面对全球化挑战的心理准备，并能根据世界的种种变化做出自己的决策，积极地进行全球经营。

企业的经营管理者要培养的全球化思维能力主要体现在几个方面：①着眼全球的眼光。无论是跨国企业还是地方性公司，还是其管理者都必须具备全球眼光和全球化思维方式。②开放的态度。这不仅是指企业要接受新事物，还包括企业愿意公开更多的信息，而且企业必须更多的考虑合作竞争的新概念。③快速应变和创新能力。创新是快速应变的有效支持，而且创新的最终目的也是快速应变。全球化时代是信息快速流动的时代，任何创新都可能被快速模仿。不断创新、以变应变才是企业成功的秘诀。④文化宽容性。企业要顾及他国的文化主流，企业如果不能容忍他国文化，就会遭遇排斥。⑤努力不懈地追求品质。在网络经济时代，吸引消费者回头的唯一法宝便是产品和服务的品质。努力成为一国、一地的最优品质并不能确保企业永远成功，因而企业必须面向全球经营。

在网络经济条件下，企业要进行全球经营，面临的环境是顾客的全球化、资源的全球化和竞争的全球化，这样的环境是工业经济时代所没有的。在这样的一个快速变化的环境中，企业获胜的关键是对信息做出及时的反应，以最快的速度满足消费者的需求。企业必须学会如何在瞬息万变和极度不稳定的全球网络环境中，运用全球化思维来调整组织结构和自己的竞争优势来适应这个新环境，从而取得长远发展。

（五）可持续发展的观念

网络经济是可持续发展的经济形态。所以，当今的企业在经营管理的过程中必须树立可持续发展的观念，以符合整个时代的要求。

网络经济是以知识和信息技术为基础的经济形态，以可持续发展为特点，也为人类社会实现可持续发展提供了可能性。在网络经济中，增长的核心要素和重要资源是知识和信息，从而在一定程度上突破了自然资源稀缺这一"瓶颈"，为经济的可持续发展提供了可能。网络经济也将信息技术广泛应用于经济活动的每一个环节，能够形成对传统产业的渗透作用，促进传统产业知识含量的提高。信息技术的发展还可以减少对自然资源的依赖,并提高自然资源的利用效率,这也为可持续发展提供了可能。所以说,网络经济是可持续发展的经济,在这样的环境中,企业只有树立可持续发展的观念,才能取得长远的发展。

二、技术创新

无论是在工业经济时代还是在网络经济时代,技术创新都是企业取得市场竞争优势的关键所在,这种关键性在网络经济时代更加突出。随着经济的全球化和无国界经营趋势的加强,企业面临着来自更广范围的挑战,而只有技术创新才能给企业带来核心的竞争优势,其他方面的管理创新最终也都需要技术创新来保障。

(一)技术创新的含义

技术创新是指企业为了满足顾客的需求和提高企业的竞争力而从事的以产品及其生产经营过程为中心的包括构思、开发和商业化等环节的一系列创新活动,包括产品创新和过程创新等。技术创新是一项高风险、高收益的活动,其面临的风险主要是技术风险和市场风险。创新一旦失败,就会给企业带来不可估量的损失。但高风险总是与高收益联系在一起的,有资料显示,技术创新只要有 20% 的成功率就可收回全部投入并可取得相应的经济效益,还能给企业带来很强的竞争优势。技术创新是一项超前性的活动,否则就难以达到目的。

(二)企业技术创新与竞争优势

企业技术创新与竞争优势之间是相互促进的关系,有了技术创新就有了竞争优势,有了竞争优势也就有了更强的技术创新的信心。技术创新的一个重要目的就是要创造新的竞争优势。

当今，在网络经济模式下，科技的飞速发展使产品的更新换代加快，企业面临的环境日益复杂且不确定因素在不断增加，所以竞争也就更加激烈。在这样的市场环境中，企业如果凭借新产品来参与竞争，则优势就比较大。在网络经济时代，技术创新能给企业带来的竞争优势主要有：①通过产品创新抢先占领市场。②通过过程创新使产品成本下降，获得价格上的优势。③通过创新节约了资源，使企业内部资源配置更趋合理。④通过创新使原有竞争对手的威胁程度大大降低，从而使企业在竞争优势的基础上获得更大的发展。这些都使企业在网络经济环境中面临的不确定性减少，极大的增强了企业在市场上的整体竞争力。

从市场竞争来看，核心是技术竞争。发达国家在技术开发和创新上不仅有大量投入，而且还不断以优厚的条件网罗人才，促进高新技术的开发和向各领域渗透。技术创新已成为一个国家或企业获得竞争优势的第一推动力。从企业的长期发展来看，技术优势肯定是企业最重要的竞争优势。通过创新，企业确定了自己的技术优势，可以开拓新的市场，促进企业的长远发展。所以，企业技术创新的重要目的就是在市场竞争中获得优势地位，提高自己的竞争能力，减少企业未来的不确定性，降低企业受威胁的程度，从而为企业的长远发展创造条件。

（三）技术创新的策略

1. 积极开发新技术或新产品

这种策略是指创造出一种市场上从未有过的技术或产品，成为市场上的第一。这种技术创新常常需要的时间较长，企业投入的资金也较多，对开发人员的素质要求也较高。但创新一旦成功，就会给企业带来技术上的突破，给企业奠定"人无我有"的竞争优势，也能给企业带来丰厚的收益。纵观个人计算机发展的历史可以发现，正是这种技术创新促进了个人计算机的发展。PCMagazine 于 1984 年专门为技术创新设立了"技术卓越奖",奖励在技术上取得突破和有独创性的产品,并在全球规模最大、影响最广的计算机分销商展览上颁奖。著名的微软公司就是获奖公司之一,共有 24 项产品获得这一奖项,几乎一年一项。目前为止,还没有哪家公司像微软一样,创造出如此繁多的新技术和轰动世界的软件产品。让每个人的办公桌和家里都拥有一台计算机的美好设想,在十年前还是一个梦想;微软产品的出现让人们能够轻松地操作计算机,加之其产品始终强调集成和使用功能,已经让这个梦想变成了现实。微软对信息产业的贡献可按其产品种类加以总结归纳,从操作系统到各种各样的应用软件、实用软件、开发工具、娱乐产品和网络管理产品等,不胜枚举。也正是因为为大众提供了数不清的先进产品,微软得到了丰厚的回报,其产品市场占有率之高有目共睹。

　　这种策略要求企业以市场需求为导向进行技术创新。市场需求什么,企业就要朝这个方向进行技术创新。在市场上,产品能否很好的满足消费者的需求。能否迅速地销售出去,是决定企业命运的大事。企业技术创新的目的是提高产品的竞争力,提高市场占有率,所以,企业必须注重顺应市场,引导市场,不仅要把立足点放在全新技术和产品的开发上,更要把立足点放在产品的"卖出去"上,以实现预期的效果。如果企业忽视市场需求,就会导致技术创新与市场脱节,达不到提高竞争优势和市场占有率的目的。因此,技术创新要围绕市场来进行。

　　事实上,很多成功的企业都是围绕"卖出去"进行技术创新的。海尔公司的管理层就认为,对企业技术创新来说,最重要的就是要有市场效果,检验技术创新成功与否的重要标准也是看市场效果。所以,海尔公司在开发新产品时,总是认真地研究来自消费者的建议和意见,把消费者的难题作为企业的科研课题,努力解决消费者的不满意点和希望点,真正把技术创新放在满足消费者的需求上,因而获得了良好的经济效益。

在激烈竞争的网络经济时代，企业只有不断地追求技术进步，努力提高产品的技术含量，积极开发新产品，才能扩大市场占有率。但需要注意的是，技术创新与技术进步不同，技术创新是一种经济和商业行为，技术进步是一种纯技术行为。如何进行创新，采用何种技术，关键要看技术能否满足消费者的需求，而不是单纯地看技术多先进，也就是说要让技术进步为企业带来巨大的经济效益。否则，即使技术再先进，如果不被市场接受，那么还是不能给企业带来竞争优势和效益，达不到技术创新的初衷。

3. 主动的技术创新

在网络经济时代，企业面临的环境更加变化无常，面对的竞争也更加激烈。为了在这样的环境中取得生存和发展，企业就不能坐等挑战的来临，而应该积极主动地进行技术创新，这已成为竞争的必要手段。

如果企业能够主动地进行技术创新，那么企业就掌握了主动权。英特尔公司的创始人戈登·摩尔在 1965 年就曾预言，计算机微处理芯片的记忆容量每 18 个月就将增加一倍，这就是摩尔定律，也是英特尔公司信奉的企业宗旨。英特尔一直就是按照这个发展速度不断推出创新的产品，从而使全世界的计算机微处理芯片市场都在它的冲击下呈现这一规律。英特尔完全掌握了主动权，不仅每 18 个月就推出新产品，而且每 9 个月就增加厂房设备。利用这种主动创新的策略，英特尔公司成功地掌握了芯片市场竞争的主动权。

三、组织创新

随着信息技术和网络经济的发展，企业经营的内部和外部环境均发生了巨大的变化。传统的组织结构已经很难适应环境的变化，组织创新已是大势所趋。基于信息和知识的组织结构必将成为未来社会的主流。所以，企业在逐步实现信息化的同时，也要根据自己的功能特征、人员素质、流程特点和经营理念，选择一种最可行的组织创新模式，以适应环境变化的要求。

（一）组织创新的趋势

在全球化、信息化和网络化的时代背景下，传统组织结构中的管理幅度和层次理论受到了很大的挑战。未来企业组织结构变化的主要趋势可以概括为：扁平化、网络化、柔性化和弹性化。

1. 扁平化

扁平化，即管理幅度加宽、管理层次减少。长期以来，企业都是按照职能设立管理部门，按照管理幅度划分管理层，形成了金字塔式的组织结构。信息交流集中表现为自上而下或自下而上的上级与下级之间的交流。中间管理人员是企业基层与高层之间的关键纽带，负责信息的上传下达。但这种组织结构越来越不适应信息社会和网络环境的要求。现代信息技术和企业内部网的使用使横向的和越级的信息交流成为可能。借助网络，企业的最高管理者可以随时直接了解下情，基层管理人员也可以直接与最高领导对话，这就逐步弱化了中间管理层的功能。减少管理层次已经成为一种新的趋势，如美国已经提出了"取消中间经理"的口号。企业信息系统的发展使高层管理人员的管理幅度加宽，而且使信息的传播速度加快。组织结构向扁平化转变，不仅可以提高经营管理的效率，也降低了经营管理的成本。

2. 网络化

网络化是指企业可以利用网络把自己与"盟友"连接在一起，形成一个网络型组织，改变企业进入市场和接触客户的方式，进而实现安全、高效和准确的企业管理。这样企业的很多业务就可以通过网络来完成，如可以省去传统的中间商，通过网络直接向消费者供货。信息技术和网络的发展已经使这些成为可能。

3. 柔性化

组织结构的柔性化是指在组织结构不设置固定的和正式的组织，而代之以一些临时性的、以任务为导向的团队式组织。借助组织结构的柔性化，可以实现企业组织集权化与分权化的统一、稳定性与变革性的统一。如，可以把一个企业的组织结构分为两个组成部分，一个是为了完成组织的一些经常性任务而建立的组织机构，这部分比较稳定，是组织结构的基本组成部分；另一个是为了完成一些临时性的任务而成立的组织机构，这部分比较灵活，是组织结构的补充部分，如各种项目小组和咨询专家等。

4. 弹性化

弹性化就是让基层有更大的自主权。如，一些企业为了提高自身的组织结构弹性，就在组织结构上把核算单位划小，给基层组织以更大的自主权和主动性。

（二）新型的企业组织形式

1. 学习型组织

学习型组织是美国管理专家进行系统研究后提出的一个概念。这一概念认为，从20世纪90年代起，最成功的企业主要是重视学习能力的企业。这一概念一经提出就引起了强烈反响，世界众多企业已开始按照这个理论对企业进行改造，如在世界排名前100名的企业中有40%的企业进行了改造，在美国排名前25名的企业中也有20家企业进行了改造。

学习型组织的出现为企业的组织创新提供了一个新方向。美国教授彼得·圣吉对学习型组织提出了五项建议：

（1）超越自我

这是学习型组织的精神基础，也就是说要不断地深入学习，集中精力，培养耐心，不断地进行创造和超越，实现终身学习。

（2）改善思维模式

思维模式是指每个人或组织的思考和行为方式，它影响着人或组织如何了解世界及如何采取行动。所以，学习型组织必须不断地改善思维模式。

（3）建立共同远景

实现共同远景是组织中最能鼓舞人心、凝聚力量的因素，学习型组织必须是一个有共同目标、价值观和使命感的企业。

（4）团队学习

团队学习的有效性不仅在于整体能产生出色的效果，也在于这种方式使个别成员成长的速度比其他的方式要快。通过团队学习，还可以找出最佳的学习方式。

（5）系统思考。

在网络环境中，影响企业发展的因素很多，所以，企业型组织必须学会用系统的方法来分析问题。

从上面的分析可以看出，学习型组织就其本质来说是一个具有持久创新能力能够去创造未来的组织，也是一个开放、灵活、不断进取的组织。所以，传统企业的组织创新可以朝这个方向改进。

2. 网络型组织

随着网络经济的发展，灵活的、适应性强的网络型组织必将成为企业组织创新的主要方向。

（1）空洞型网络组织

这是一种以短期契约关系和市场交易关系为基础的网络型组织结构，适合高度变化的竞争环境。核心企业利用一个强大的管理信息系统来协调众多的成员企业，工作的完成主要依赖网络的组织成员。

（2）灵活型网络组织

这是一种以长期合作关系为基础的网络组织结构。核心企业组合不同的资源，协调网络组织的成员企业来探明用户的需求、设计产品和建立供应源等，以连续的新产品来满足客户的各种需求。

（3）增值型网络组织

这种组织将各成员企业连成一个增值链。核心企业将产品的创新和设计作为自己的核心能力，将其他的增值活动分配给其他成员企业来完成。

3.虚拟企业

网络经济的兴起和信息技术的日新月异，消除了人与人之间知识和信息传递的障碍，推动了企业经营意识和管理观念的改变。构建虚拟企业组织形式成为网络经济模式下，许多企业进行组织创新和谋求长远发展的重要选择。

虚拟企业实际上是一个动态的企业联盟，能对市场环境的变化做出快速的反应。企业在有了一个新产品或产品概念后，利用各种手段将业务外包。核心企业本身只以创新行为和名牌效应为龙头，对涉及制造和经营的各项业务进行系统集成和过程集成。虚拟企业的实质在于突破企业的界限，在全球范围内对企业内部和外部资源进行动态配置和优化组合，以达到降低成本和提高竞争力的目的。

由于虚拟企业是一种开放的组织结构，没有固定的组织层次和内部命令系统，因此可以在信息充分的条件下在网上选出合作伙伴，迅速集成各专业领域里的独特优势，实现对外部资源的整合利用，从而以极强的结构成本优势和机动性，完成单个企业难以承担的市场功能，如虚拟开发、虚拟生产和虚拟销售等。如果企业有了新的产品创意，就可以马上从互联网上寻找合适的厂商进行生产，寻找专业化的营销企业进行营销，进而做到高速度地规模化生产和销售。

四、管理模式和制度创新

随着经济全球化和网络经济的发展，市场竞争变得越加激烈，消费需求日趋主体化、个性化和多样化。面对这样的挑战，企业不仅要进行观念、技术和组织的创新，还要采取一些先进的管理模式和方法，并对管理制度进行改革创新，以适应新的需求。

（一）管理模式创新的要求

适应网络经济发展的管理模式要求企业在计算机技术和网络技术的支撑下，把技术、知识、管理和人力等多种资源整合在一起，使各种生产要素紧密配合、协调运作，充分发挥各种资源的优势，使其在缩短产品开发周期、保证产品质量、降低生产成本、提供及时服务、提高企业的竞争能力等方面起到应有的作用。

与传统的管理模式相比，创新的管理模式应该更加高效、敏捷，能迅速地对市场变化做出反应，而且在管理中，更强调以消费者的需求为中心，并注重各环节的协调和配合，组织的凝聚力也得以增强。创新的管理模式应该具有柔性化、集成化、数字化和智能化等特点和优势。

（二）管理模式创新的思想

1. 动态的、敏捷的管理思想

在消费需求变化不断加快、市场竞争日趋激烈的今天，企业必须对不断变化的消费者期望、市场环境、经济形势与政策、竞争者的策略与行动等做出迅速的反应。也就是说，企业要树立一种动态的、敏捷的管理思想。只要环境在变，管理模式就要创新。企业需要对内部和外部的各种资源进行动态的重新配置，勇于创新，以更好地满足消费者的需求、更快地适应市场变化，进而增强企业的竞争力。

敏捷的管理思想是 20 世纪 90 年代美国在总结多国经验的基础上提出的，它的目标是建立一种能对消费者需求做出快速反应的、市场竞争力强的管理模式。这种思想要求企业具有抓住转瞬即逝的机遇和持续创新的能力，并重视企业间的动态合作。

2. 以人为本的管理思想

在科学技术飞速发展的今天，人们对个人价值的实现提出了更高的要求。尊重个人选择、承认个人价值已逐渐成为企业管理的一项重要内容。所以，企业在进行管理模式创新时，要体现以人为本的管理思想。管理学家理查德·科克和伊恩·戈登提出了"没有管理的管理"，其实就是以人为本管理思想的体现。"没有管理的管理"是建立在充分信任，注重最大限度地发挥每个人的主动性、积极性和创造性的基础之上的，使人人都成为管理者。

（三）新型的管理模式

1. 柔性管理

柔性管理是针对网络经济和全球化经营提出的新的管理模式，讲求管理的软化，以管理的柔性化来激发人的主观能动性。它以"人性化"为标志，强调变化与速度、灵敏与弹性，注重平等与尊重、创造与企业精神。柔性管理可以使企业对变幻不定的市场做出灵活、迅速和及时的动态反应，以达到保持和获得竞争优势的目的。

企业采用柔性管理模式时，需注意构建以下几个关键要素。

（1）以满足消费者的需求为导向

柔性管理要将消费者的需求放在首位，不仅向消费者提供物品，而且要丰富消费者的价值感受。所以，企业不仅要确定如何解决消费者所关心的问题和丰富消费者的价值感受，还要注重开发消费者的潜在需求。

（2）突出人本管理的思想

柔性管理的一个很重要的方面就是尊重人，为员工创造一个良好的氛围，鼓励员工的学习和创新精神，处处体现以人为本。

（3）提高企业的学习能力

企业要发现市场的需求和动向，不仅需要大量的信息，更需要敏锐的洞察力，需要智慧和灵感。所以，在市场瞬息万变的网络时代，企业只有通过发挥各个方面的创新力量，才能造就一个智能化的企业，才能不断获取新的竞争优势。增强企业的学习能力，使企业成为一个真正的学习型组织，是企业立于不败之地的保证。

（4）转变组织结构

组织结构要由金字塔型转变为网络式的扁平化结构，以提高信息的传递效率，加强部门之间的沟通，从而提高整个企业的灵敏反应程度，使企业能够更迅速地抓住市场机会。

2.数字化管理

数字化管理是随着网络经济时代的到来而出现的一种新的管理模式。一般来说，它是指利用计算机、通信、互联网和人工智能等技术，量化管理对象和管理行为，实现计划、组织、服务和创新等职能的管理活动和管理方法的总称。

（1）数字化管理的特点

①定量化。数字化管理是指应用模型化和定量化的技术来解决问题。

②智能化。数字化管理系统具有分析和模拟人脑信息和思维过程的能力。

③综合性。数字化管理强调综合应用多种学科的方法，除需要管理学、经济学、数学、统计学、信息论、系统论和计算机知识外，还随着具体研究对象的不同需要行为科学、社会学、会计学和控制论等方面的知识。

④动态性。在数字化管理的过程中，要随着内部和外部情况的变化而不断补充和修改数字化的信息输入，从而求出新的数字化的最优信息输出。

（2）企业要成功地进行数字化管理应该注意的问题

①企业要把数字化管理作为企业的经营战略。这是一种在全企业范围内实施的综合性战略计划，采用这种计划的企业要坚信数字化管理对企业的长期发展和提高企业的竞争力的重要性，要不遗余力的推行数字化管理战略计划。

②企业要建立支持数字化管理的组织体系和组织形式。为了实现企业的数字化管理并取得成效，企业要建立一个有效的组织体系。在这一体系中，要有负责数字化管理活动的领导者，承担制定数字化管理的计划和战略；要成立专门的小组，完成与数字化管理活动有关的任务；要建立支撑数字化管理的基础设施。与数字化管理相适应的组织形式是"扁平型"的结构，而不是传统的"金字塔型"的结构。

③企业要加大对数字化管理的资金投入。企业的任何一种管理活动都需要资金的支持。

④企业要开发支撑数字化管理的技术和软件。迅速发展的互联网技术、内部网技术、外部网技术、计算机软件和硬件设计、通信技术、人工智能技术是数字化管理的外部支撑条件，它们为管理信息的识别、获取、传输和利用提供了强有力的工具。

⑤企业要创造对应数字化管理的企业文化。有利于数字化管理的企业文化包括良好的员工职业道德、企业荣誉感和团队精神等。企业管理层的支持也是数字化管理成功的保证。

3. 虚拟运作

虚拟运作是指企业根据市场的需求和自身的竞争条件，将可利用的企业外部资源与内部资源整合在一起，以提高企业竞争力的一种管理模式和方法。虚拟运作是一个动态的、知识联网式的协作过程，其目的是增强企业的竞争优势，提高企业竞争力。

虚拟运作可以通过人员虚拟、功能虚拟、企业虚拟来实现。人员虚拟是指企业将外部的智力资源与自身的智力资源相结合，以弥补自身智力资源不足的管理模式。在一般情况下，企业多聘请外部的管理专家或其他方面的专家。功能虚拟是指企业借助于外部的具有优势的某一方面功能资源与自身资源相结合，以弥补自身某一方面功能不足的管理模式，如虚拟生产、虚拟营销和虚拟储运等。企业虚拟是指彼此进行合作竞争的、有共同目标的多个企业结成战略联盟，为共同创造产品或服务、共同开创市场而实施全方位合作的管理模式。企业虚拟的有形载体是虚拟企业。虚拟企业是指具有不同资源优势的企业，为了在市场竞争中取胜而组成的，建立在信息网络基础上的联合开发、互助互利的企业联盟体。

在实施虚拟运作时，企业要注意以自己的核心优势为依托，从而使自己的资源得到最大限度的发挥，虚拟方向一般是企业的劣势所在。虚拟运作的各方要相互依赖、相互信任，要进行信息交流和共享，并努力减少文化冲突。

（四）管理制度创新

1. 信息管理制度创新

网络经济时代企业管理的重要任务是处理信息，信息管理制度的创新就显得十分必要。企业的信息化主要体现在计算机软件和硬件技术在企业生产、经营过程中的广泛应用，所以，企业制定和完善相关的信息管理制度是必然的要求。信息管理制度创新包括制定计算机软件和硬件的培训制度、采购制度、使用制度和维护制度，并制定相应的处罚措施和激励政策来保证相应制度的贯彻执行。企业要对企业信息系统的各项管理制度，包括权限管理制度、安全管理制度、保密制度和维护制度等给予高度重视，尤其是对企业商业秘密和客户数据等重要信息要予以特别关注。

2. 激励制度创新

在网络经济模式下，企业激励员工的制度应主要以内在激励为主。根据美国学者弗雷德里克·赫茨伯格的"双因素理论"，激励因素分为保健因素和激励因素两种。保健因素是指能满足职工生存、安全和社交需要的因素，其作用是消除不满，但不会产生满意。这类因素包括工资、奖金、福利和人际关系等，均属于创造工作环境方面，也称为外在激励。而激励因素是指能够满足职工自尊和自我实现需要的因素，最具有激发力量，可以使职工更积极地工作。这些因素常常是内在激励因素，使员工从工作本身（而非工作环境）获得很大的满足感，如工作中充满乐趣和挑战；工作本身意义重大、崇高，激发出光荣感和自豪感；在工作中取得成就时的成就感和自我实现感；较多的升迁机会；健康上的特殊保护等。这一切所产生的工作动力深刻且持久。所以，企业在激励制度的创新上要多在内在激励因素上做文章。

3. 提高员工素质制度创新

网络经济时代必然要求企业员工具有较高的技术和管理素质，而提高员工的素质不是一朝一夕能做到的。只有企业鼓励员工不断地学习，员工才能适应新的需要。所以，企业必须为员工提供良好的学习条件，如专业上的再教育和培训等，并力争使企业成为"学习型组织"，进而形成优良的学习氛围，鼓励员工在学习中成长和进步，从而使企业的可持续发展得到充分保障。

五、文化创新

在人类社会迈向网络经济的进程中,文化较以往任何时候都更为丰富和开放,更加相互影响和相互渗透,同时文化与经济的联系也更为紧密,文化对社会经济发展的影响也更显重要。就企业而言,不同的企业文化会形成不同的企业环境,塑造不同的企业形象,树立不同的企业价值观念。良好的企业文化是一种强大的凝聚力和向心力,能调动员工的积极性和创造性,使企业得以长远发展。所以,面对网络经济的挑战,企业要积极地进行文化创新,塑造网络经济时代的企业文化。

(一)企业文化的含义

企业文化是企业全体职工在长期的生产经营活动中培育形成并共同遵循的最高目标、价值标准、基本信念和行为规范。一般认为,企业文化由三个紧密联系、不可分割的层次构成,即精神层、制度层和物质层。

精神层是指企业的管理者和员工共同遵守的基本信念、价值标准和职业道德等,是企业文化的核心,包括企业精神、企业最高目标、企业经营哲学、企业风气、企业道德和企业宗旨六个方面。这六个方面角度不同,各有侧重,互有交叉,本质统一。

制度层是指对企业职工和企业组织行为产生规范性和约束性的部分,主要是指应当遵循的行为准则和风俗习惯。它是企业文化的中间层次,包括一般制度、特殊制度和企业风俗等。

物质层是企业文化的表层部分,是精神层的载体,常常能折射出企业的经营思想、经营管理哲学、工作作风和审美意识等,主要包括企业标志、标准字、标准色、厂容、厂貌,产品的特色、式样、品质、包装等,厂服、厂旗、厂徽、厂歌等,企业的纪念品,企业的文化传播(如报纸、刊物、广播电视、宣传栏、广告牌和企业的造型)等。

（二）企业文化与企业竞争力

一般情况下，企业文化具有导向、约束、凝聚和激励的功能。导向功能是指企业文化对企业整体和每一位员工的价值取向和行为取向所起的引导作用。约束功能是指企业文化对每个员工的思想和行为具有约束和规范的作用。凝聚功能是指企业文化的价值观一旦被员工认同后，就会成为一种黏合剂，从各方面把员工团结起来，形成巨大的向心力和凝聚力。激励功能是指企业文化能使企业员工产生一种情绪高昂、奋发进取的力量。辐射功能是指企业文化不仅在企业内部起作用，也通过各种渠道对社会产生影响。

具有良好文化的企业能凝聚起所有员工的积极性和创造性，使企业的竞争力得以提高，促进企业的长远发展。

（三）网络经济时代企业文化的新内容

1. 以人为本

网络经济时代是以人为本的时代，企业文化的发展必须符合这一时代要求。在网络时代，"知识资本"作为一种新的决定因素，其重要性正变得越来越突出，这导致一个现象出现，即企业的核心竞争力从资金转向了人才。企业除了要为员工创造良好的发展空间、不断改善工作环境之外，还要实施股票期权制度，保证每一位员工都真正能从企业的发展中获益，同时这也是把企业的发展与个人的发展融为一体的重要动力。企业要努力培育"共同发展"的价值观，使企业全体员工增强主人翁意识，能与企业同呼吸、同成长、同发展、共生死，要做到企业精神和企业价值观的人格化，实现"人企合一"。企业的服务目标就是尽最大努力满足人的需求，或者说帮助人类摆脱自然和社会对人的束缚，使人获得真正的自由。企业文化发展首要的一条就是符合共同发展的要求。

2. 符合虚拟经济的要求

网络经济是虚拟经济，虚拟化可以从个人到组织多角度进行。虚拟的形式有虚拟商品或服务、虚拟工作或远程工作、虚拟办公室、虚拟小组、虚拟机构和虚拟社区。这对传统思维是一个挑战。这些变化要求企业文化必须能适应虚拟的要求。企业文化要使每个成员有高度积极性、自律性和强烈的责任感。这样个体才能在提供商品或服务时追求尽善尽美，才能积极参与虚拟组织的活动，才能在没有露面的情况下意识到自己存在的价值，并努力发挥自己的能力去追求虚拟组织的集体目标。

3. 协作意识

信息网络使企业之间的竞争与合作的范围扩大了，也使竞争与合作之间的转化速度加快了。"今天，没有一家企业能单枪匹马创造未来。你必须寻找协同竞争的领域，在竞争中合作，在合作中竞争。"今日的市场环境需求日新月异，追求个性化，企业间竞争异常激烈。对单个企业来说，面临如此复杂的市场，单靠一己之力是无法生存的。不少学者和企业界人士提出要保持企业核心能力，加强企业间联盟来应对新的市场环食。这样的联盟是动态的，随着市场环境而变动。如何处理好企业间既竞争又合作的关系是关乎企业生死存亡的大事。企业内部也同样存在协作的问题。欲发挥 1+1>2 的管理作用，企业文化是不可或缺的。传统经济学的理论基础是博弈理论，强调个体的理性与均衡。现在的一些管理实践证明，在团队中，尤其是在环境不确定性很高的情况下，个体行为并不完全符合博弈理论的假设。此时，企业文化是个体理性和群体理性协调的保障。

4. 学习

网络是知识经济的基础。在网络经济模式下，企业应当做好知识管理，强调组织学习和个体学习。网络改变了知识的传播方式和传播速度，使组织学习能更好地进行。在不确定的环境中，组织学习也是组织进化的途径。

组织的首要目标便是生存,只有不断学习的组织才能在激烈竞争中有机会立于不败之地。企业文化应当崇尚学习、崇尚改革,在学习中获得组织发展的动力,获得不断提升、超越自己的源泉,从而在不断创新的社会中生存下去。组织文化还要起一定的稳定作用,防止组织在学习过程中加速崩溃。

5. 创新意识

创新是组织存在的条件,是网络经济模式下企业文化的核心。没有创新的组织必是没有生气的。组织的创造性存在于混沌的边缘,企业文化只有把企业推到混沌的边缘才能促进组织的创新。企业文化必是能融合不同意见的。那种强调"千篇一律"的文化是不可能促进创造性发展的。为了防止内部的矛盾使企业陷入混沌,企业文化还得有负反馈稳定作用,极端的事件(或用复杂性的术语说是"涨落")可以存在但不能被放大。企业文化应当是稳中求变的文化。

6. 绿色文化

绿色文化是文化发展到一定阶段提出的要求,是文化对环境的关注,对社会的关注,对未来的关注。环境问题是全人类普遍关注的问题,也是一个不容忽视的问题。未来文化必定朝着绿色文化方向发展。企业文化在强调个体生存的同时,必须有强烈的环境意识。这里的环境不仅包括自然环境,还包括社会环境,它是人类赖以生存的环境。生态文化是一种新型的管理理论,包括生态环境、生态伦理和生态道德,是人对解决人与自然关系问题的思想观点和心理的总称。生态文化属于生态科学,主要研究人与自然的关系,体现的是生态精神。企业文化则属于管理科学,主要研究人与人的关系,体现的是人文精神。在本质上,二者都属于一种发展观,运用系统观点和系统思维方法,从整体出发进行研究;都强调科学精神,即实事求是,努力认真地探索;从狭义角度来看,都是观念形态文化和心理文化,而且都以文化为引导手段,以持续发展为目标。企业文化发展的诸多方面,都需要以生态文化来与之相结合。

7. 兼容性与个性

网络经济促进了经济的全球化。经济全球化突出了企业文化兼容性的要求。在网络经济模式下企业间的联合、兼并更加频繁。联合或兼并不是企业的灭亡，而是企业新的生存方式。个性鲜明的企业文化是企业脱颖而出的条件，只有兼收并蓄的文化才能把企业做大。正如中国一句谚语"海纳百川，有容乃大"。正如人之所以为人，其属性是一样的；企业之所以为企业，其属性也是一样的。既然属性一样，则企业经营的总体原则也是一样的，不论企业在何方，更何况现在"企业是世界的企业"。

目前进行的企业文化建设，就广义上来说，是一种新的经济体制下的新的实践，是企业管理科学的新学科。如何进行新的实践探索，如何进行新的理论思考，是极为重要的。企业是社会最基本的经济组织，企业经营的目标是通过实现经济效益的最大化，从而实现企业成员经济效益的最大化及自身价值的最充分实现。企业文化的建设具有共性，即企业文化建设的出发点是给企业提供实现其目标的土壤。企业文化建设主要侧重企业员工的思想观念、思维方式、行为规范和行为方式等方面。不同的企业处于不同的内部和外部环境中，不同企业文化的特征并不相同。如，有的企业注重市场的开拓，有的企业注重产品的创新，有的企业注重售后服务，有的企业注重经营绩效，有的企业注重竞争意识，还有的企业注重团结合作。不同的国家、民族，以及不同的文化背景、思维方式和经营理念会产生不同的行为规范和行为方式。企业文化建设不能"千篇一律"，而是应该根据自己企业的特点、自己企业的经营环境，进行具体的设计定位。

（四）网络经济时代企业文化的核心

人类探索未知事物的强烈欲望是推动其创新的永恒动力。人类对未知的探索包括两个层面，第一个层面是对客观事物的辨认，从对身边的植物是不是可食用开始,到对 100 亿光年之外的天体是不是类星体,绵延千万年并将一直延续下去。第二个层面是对因果关系的探索,从古人的"础润而雨"到最先进的数字化生存,都是对事物因果的认识。这里要特别强调的是,在对某一种事物的辨认中可能发现新事物;在对某一事物有了一种解释之后,可能引发对这一事物原有解释的质疑或否定,从而启动探索的没有尽头的长链;没有功利目的的探索可以转变为有功利目的的创新。市场是推动创新的动力,人们在市场活动中对利润追求的后果是竞争,竞争是创新的直接动力。企业要在现实的市场需求中不断创新,在潜在的市场中通过创新来获取利润,依靠创新抢占未来超前的市场。

在网络经济环境中,员工之所以不同于其他传统的员工,在于他们是通过将创造性思维转化为行为而达到"资本增值"的目的的,因而他们对新事物和新知识有着本能的强烈的创造欲望。他们利用自己的智力,通过不断进行产品管理和服务创新,为个人和企业赢得发展。在知识技术全球化创新的今天,劳动的价值更多地体现在智力劳动和创造性劳动上,创造性成为知识产业员工的主要特征。在信息社会中,一个最好的技术研发人员利用网络能够比一个普通人员多做 500% 甚至更多的工作。

随着以知识产业为支柱的知识经济时代的到来,在知识产业内部,知识型人力资源的地位变得尤为突出,人才争夺成为企业竞争的焦点。网络经济作为知识经济时代的支柱,是以脑力劳动和智力型服务为基础的。而其核心是知识型人才被推到生产力诸要素的首位。网络经济对员工的有效管理就是最大限度地激发他们的创造性和利用网络进行宏观经济活动的能力,这便是网络经济社会企业文化再造的核心。

(五)网络经济时代企业文化构建的载体和途径

企业文化不是无源之水、无本之木,它必须通过一定的物质实体和手段，在生产经营实践中表现出来。这种物质实体和手段，就可以称为企业文化的载体。企业文化载体是企业文化的表层现象，它不等于企业文化。企业文化载体在企业文化建设中具有举足轻重的作用，优秀的企业文化必有很好的企业文化载体，它们会给企业带来很好的经济和社会效益。有时，对一些企业来说，企业文化建设即使不那么深入，但如果企业文化载体建设好了，企业也会获得很好的经济效益和社会效益。这是因为，一方面，优秀的企业文化和很好的企业文化载体都要给企业员工树立一个思想和行为目标，增强企业凝聚力和战斗力，提高员工的生产积极性；另一方面，在企业的经营环境中树立和宣传好的组织形象，为企业的生存创造有利的条件。在网络经济模式下，企业文化的建设不能忽视文化载体。

在网络经济模式下，企业文化构建的载体和途径是网络。在过去的几年中，以网络为依托的经济有了很大的发展。随着安全技术的不断完善，互联网上的电子商务市场将发展成为全世界最广、最深厚、最快捷和最安全的市场，在互联网上实现的购物和服务交易额将不低于10000亿美元。

在网络经济模式下，企业的活动越来越多的放到互联网上进行。随着网络经济的进一步深化，迅猛发展的电子商务正在或将要改变许多人的日常生活和工作方式。网络对企业的影响突出表现在以下四个方面。

1. 运作速度更加迅捷

网络的响应速度是衡量一个ISP服务商质量的重要参数，互联网上的信息检索和电子交易同样需要反应迅速。借助日益发展、完善的信息网络环境平台，电子商务需求的迅猛发展更是如虎添翼，动作更迅捷，业务交往呈现个性化，多方面的用途正是电子商务的发展趋势。

2. 业务交往个性化

随着消费者需求的日益多样化，如何满足消费者的个性化需求是现代企业面临的一个重要课题，同时也是一个非常棘手的问题。这种快速变化的需求对企业的生产流程提出了严峻的挑战,它要求企业的生产流程要有足够的柔性。电子商务能较好地解决这一问题,因为电子商务的企业与客户间的部分正迎合了这一点。

3. 电子商务向纵深发展

设想一下,消费者在家里足不出户便可将想要的东西买回来,是不是相当方便?电子商务提供了一种在家购物的可能。只需一个商家认可的电子资金账号,便可让消费者从众多的网络商店中挑选令其满意的任何东西,无须东奔西跑。

电子商务系统与传统的交易系统相比,在购物渠道方面具有显著不同的特点。浏览传统交易购物渠道常常意味着经常在大范围的、不相关联的商店中摸索,或者通过"商品清单信息表"搜索;而在现代电子商务系统中,商店无处不在且彼此关联,具有交互性、智能化特征。现代电子商务市场把有关产品和服务的信息紧密集成,可以帮助消费者在不同的商店之间进行比较,以选择最具诱惑力的商品。

4. 支持企业全过程

从辨别用户需求到企业内部产品研发、生产、检验、营销、用户发送订单、跟踪运送情况、接收票据、更新数据、用户调查,再到企业产品开发、改进,电子商务可以支持全部过程。并且,电子商务使企业离市场更近。

在这种情况下,传统企业文化载体的作用将受到挑战。传统企业文化的载体种类繁多,可谓五花八门。如,企业的文化室、俱乐部、电影院、图书馆、协会、研究会、企业刊物等,都是企业文化的载体。还有另一种企业文化载体,如厂庆活动、文体活动、文艺晚会、军训、广播操和表彰会等。在网络经济模式下,这些活动或被赋予新的形式,或被其他的新形式所取代,这些新形式都是通过网络这个载体和途径实现的。网络经济中企业文化的载体和途径是网络。

参考文献

[1] 黎兆跂. 现代企业经济管理与财务会计创新 [M]. 延吉：延边大学出版社，2023.

[2] 赵晓霞. 经济管理理论与发展研究 [M]. 北京：经济管理出版社，2023.

[3] 魏化，果长军，王子花. 经济管理与会计实践研究 [M]. 哈尔滨：哈尔滨出版社，2023.

[4] 姜丽华. 自然资源经济与管理研究 [M]. 哈尔滨：哈尔滨出版社，2023.

[5] 徐宝山，聂君，张雪乔. 农村经济管理 [M]. 北京：化学工业出版社，2022.

[6] 柴华. 道路运输经济管理前景的实践和分析 [J]. 中国储运，2023(3)：90-91.

[7] 林艳，弓海英. 新形势下企业经济管理研究 [M]. 延吉：延边大学出版社，2022.

[8] 刘欢. 现代市场经济与管理研究 [M]. 吉林：吉林出版集团股份有限公司，2022.

[9] 吴金梅，秦静，马维宏. 经济管理与会计实践创新研究 [M]. 延吉：延边大学出版社，2022.

[10] 闫杰，杨阳，张永霞. 现代经济管理与市场营销研究 [M]. 北京：

经济日报出版社，2019.

[11] 宋岩硕.新时代背景下的金融工程与经济管理基础研究[M].北京：中国商务出版社，2019.

[12] 洪雨萍.企业经营与经济管理学[M].延吉：延边大学出版社，2019.

[13] 姜美伊.经济管理现状和经济管理发展趋势[J].营销界，2020（29）：144-145.

[14] 辛清念.企业经济管理的创新策略[J].现代企业文化，2022（35）：61-63.

[15] 郑延光.经济管理现代化和经济管理发展趋势研究[J].品牌研究，2022（25）：58-61.

[16] 肖国华.企业经济管理创新思考[J].合作经济与科技，2022（19）：136-137.

[17] 于洁，仲昭明.经济管理现代化和经济管理发展新趋势[J].商品与质量，2021（30）：235.

[18] 魏勇.传统经济管理思想对当代经济管理的影响分析[J].经济师，2022（9）：294-295.

[19] 张婷.国企经济管理现代化和经济管理发展探讨[J].环球市场，2021（16）：12.

[20] 张淑英.传统经济管理思想对当代经济管理实践的启示[J].商品与质量，2021（8）：283.

[21] 邓婕.医院经济管理策略及方法分析[J].现代经济信息，2023（21）.

[22] 于忠旭.企业经济管理中资金管控的运用[J].现代企业文化，2023（18）：29-32.

[23] 付云琦.浅谈企业经济管理的现状与问题分析[J].商业观察，

2023（25）：77-80.

[24] 李璐璐.国有企业经济管理目标及实现途径 [J].大众投资指南，2023（11）：44-46.

[25] 张馨月.现代企业经济管理存在的问题与对策 [J].商场现代化，2023（18）：98-100.

[26] 易玲.浅议经济管理现代化和经济管理发展新形势 [J].科学与信息化，2021（8）：169.

[27] 李芳.经济管理现代化和经济管理发展新趋势探讨 [J].经济与社会发展研究，2021（8）：8.

[28] 申浩宇.现代企业经济管理实践研究 [J].现代企业文化，2023（9）：65-68.

[29] 徐晓娇.资金管控在建筑经济管理中的运用 [J].现代经济信息，2023（20）.

[30] 翟莉.高校经济管理的发展和展望 [J].环球市场，2021（19）：6，14.

[31] 朱永生.农业经济管理的现状与发展分析 [J].新农民，2023（2）：13-15.

[32] 李亭洁.农业经济管理优化探究 [J].广东蚕业，2021（6）：108-110.

[33] 邹德威.北京交通大学技术经济及管理学科介绍 [J].技术经济，2021（6）：2.

[34] 李爱霞.加强农村经济管理的措施 [J].消费导刊，2021（3）：270.

[35] 张林成.高速公路经济管理体制创新研究 [J].大众标准化，2023（2）：54-56.